南腔

方言里的中国

北调

郑子宁 著

海峡出版发行集团 | 海峡书局
THE STRAITS PUBLISHING & DISTRIBUTING GROUP

目　录

字母的前世今生

要想强国，先学吴语？

吴语中的浊音如何追溯到古代的中国字母？

陕西人把"稻子"念作"讨子"是怎么回事？

要想强国，先学吴语？

浊音字甚雄壮，乃中国之元气。德文浊音字多，故其国强；我国官话不用浊音，故弱。

——民国·吴稚晖

整体而言，汉语各方言都并不算语音特别丰富的语言。今天所有汉语方言的音节结构都遵循一些严格的限制条件。譬如普通话一个音节的开头只有有限的二十几个声母，然后搭配有限的三十多个韵母，这三十几个韵母如果以辅音结尾，则只有 -n、-ng 两个辅音可作韵尾。再加上四个声调，这就基本穷尽了普通话一个音节所有可能的组合。汉语各方言虽然声母、韵母、声调的数目各有上下，但是大体上逃不出这个模式。因此汉语的音节结构高度受限，如英语 strength、twelfth 这样的音节，对于任意一种汉语方言来说几乎都是天方夜谭。

相应的，即便有声调助力，普通话实际使用的音节数量也并不算多。如果清点普通话中实际使用的音节数量，大约有1300 个。其他方言，音系简单的如上海话只有不到 700 个音节；

华南各方言则一般语音要相对复杂一些，音系能支撑更多的音节，广州话大概可以到 1900 个，闽南话可达 2200 个以上。虽然中国方言的音节数量多过普通话不少，但要和英语这样音节限制较少的语言相比，那还是小巫见大巫。

音节数量较为稀少带来的问题自然就是比较容易出现同音字。1300 个音节对应数以万计的汉字，简单的统计就可以得知汉字严重的同音现象是不可避免的。哪怕只管三千多最常用的汉字，让 1300 个音节承担这个重担也是个苦差事。

在实际使用中，同音字真正带来麻烦的场合是比较稀少的，很多时候同音字出现的语境很不一样。譬如"守"和"手"虽然同音，但是这两个字甚少出现在类似的语境中，很难造成歧义。在其他情况下，语言的使用者总会有办法通过其他方式来尽量避免同音现象可能造成的歧义或误解。不过这些规避措施一般都会付出一定的代价，最常见的就是要多说几个字。这也正是汉语从上古到现代的演变规律——伴随语音系统的不断简化，我们把很多上古常见单说的字都改成了两个字的词，比如"鲤"和"礼"单说虽然不好分，但是说成"鲤鱼"和"礼物"就没有混淆的可能。

这样的补偿措施虽然实用，但终究多一个字，还是付出了一定的成本。偶尔规避可能还比较麻烦，譬如"权力"与"权利"，"定金"与"订金"，就算变成两个音节它们还是完全同音，使用的场合还很接近。如果汉语能多一些可供使用的音节，这样的问题就能得到一定的缓解了。

如果你是持这样的观点，大概会被汉语方言的现状气到七窍生烟：在任何一种汉语方言中，本来就不大富余的音节组合中，还有大量的声母、韵母和声调的可用组合是空置的。仍然以普通话为例，23 个声母、39 个韵母、4 种声调，理论上可以构成 23 × 39 × 4 = 3588 种组合。也就是说，以现有的普通话音系，理论上就可轻松达到 3588 个音节，远远超过音节丰富的粤语、闽南语等南方方言。然而现实是残酷的，普通话实际使用的音节数量还不到理论组合的一半。

这些不存在的音节绝大多数不是由于人类发音器官生理上的发音机制限制而导致它们不可能存在，相反，这些声母、韵母、声调在其他的音节中都正常存在于普通话的发音体系中。如果让一个会说普通话的人来模仿这些发音一般不困难。普通话中没有 fai 这个音节，但是现在的年轻人口中借自英语的 Wi-Fi 简直是个常用词，几乎没有人会出现 Fi/fai/ 发音困难的现象。能说"卡车"的人没有任何理由会说不出 kà 来。普通话里有 t 也有 īn，偏偏愣是没有 tīn 这个随随便便就能发出来的音。

这些空缺有的是有缘由的。如 gīn 和 zīn 不存在，是因为历史上的 gīn（金）和 zīn（津）都演变成了 jīn；有的如 cuí 的缺失，则是意外的巧合。这里我们可以先把注意力集中在非常有特色的一类空缺上：b、d、g、j、zh、z 配带鼻音的 an、ang、in、ing、ian、iang、en、eng、un、ong、ün、iong 的第二声。这是普通话，甚至可说是绝大多数北方话中集体出缺的一大类音节。不信可以仔细想想有没有字读 bán、dán、gán、jián、zhán、dóng、góng、jióng、zóng、zhóng、bén、zhén、zén……？

　　除了一些中古以后来自合音的新造的后起字如"咱""甭"外，这条规律几乎是颠扑不破的。甚至也不必限于北方话，西南地区的官话、江西的赣语、珠三角地区的粤语、粤东的客家话大体都受到这条铁律制约。

　　这么一整批的音节出缺并不是意外巧合，而是一个源头可以追溯到古汉语的大问题，即清浊问题。

　　许多人在学生年代都有过这样的经历。某节英语课上，有学生提出英语 spend、open 和 happy 的 p，stand 的 t，skin 的 k，读起来不像 p、t、k，反倒像 b、d、g。这时，英语老师胸有成竹地说："英语的 p、t、k 在 s 后面或某些词中间会'浊化'。"问题解决，课堂继续。

　　乍一看这个说法还是颇有道理的，然而仔细想想可能会有新的问题出现——既然 p、t、k 已经"浊化"成了 b、d、g，那么为什么英文拼写还是 spend、open、happy、stand、skin，而不是 sbend、oben、habby、sdand、sgin 呢？

　　更有甚者，不少学习了法语或者西班牙语的中国人会觉得，法语和西班牙语的发音中，p、b 一模一样，t、d 没有任何区别，k（c）、g 完全可以混为一谈。法语的 cadeau（礼物）和 gâteau（蛋糕）的发音，许多中国人听起来一模一样，没有区别。反过来说，如果留意一下法国人或者西班牙人学习汉语普通话的情形，也会发现他们中不少人，至少是初学者，并不能分清汉语拼音的 p/b、t/d、k/g。在中国人听来，他们学出来的中国话只有 b、d、g。

　　分辨 p/b、t/d、k/g，是个困扰学习法语、西班牙语、意大利语的中国人的重大问题，甚至在网上有言论认为法国人、西班牙人、意大利人其实也分不出来，只是靠记忆里正确的拼写方法强行区分。这当然是不可能的，如果真是这样，那么法国人、西班牙人、意大利人的祖先大概根本就不会用不同的字母拼写了。

实际上，法语、西班牙语、意大利语的 b、d、g 与汉语拼音的 b、d、g 并不一样，在这些语言里，用 b、d、g 表示的是浊音，而汉语拼音的 b、d、g 表示的是不送气清音——在法语、西班牙语、意大利语中，不送气清音恰恰是用 p、t、k 表示的，而汉语拼音的 p、t、k 则是送气清音。

清浊到底是什么概念？语音学上，最典型的清浊是"带不带音"，也就是发声时声带是否振动。在我们说话的时候，如果把食指放在声带位置，就会发现声带会振动，但是这种振动并不是连续不断的。也就是说，发有些音时声带在振动，发有些音时声带并不振动。

典型的会振动的音包括绝大多数情况下的元音。在多数汉语方言中，除非是在偷偷耳语，否则发元音时声带都在振动。反过来说，在发大多数声母的时候，我们的声带并不会振动。譬如说"小山"的时候，在发到"山"的声母时，声带会短暂地停止振动。在多数汉语方言中，浊音声母主要是一些鼻音（m、n、ng）、边音（l）、近音（r），如果是说"小满"，则声带的振动就几乎会贯穿始终。而对 b、d、g 这样的爆破音来说，鉴别是不是浊音最重要的是在爆破，也就是口腔内阻力消除的阶段声带是否已经开始振动。

送气，顾名思义，指的是发音时从肺部向外吹出较为强烈的气流。可以做个小小的实验，点一根蜡烛，对着蜡烛的火焰说话，可以发现在说 p、t、k 为声母的字的时候，火焰会受到气流的扰动发生摇晃。这是因为在发这些声母的时候，除阻以后到元音出现前还有相对长的一段时间，这期间肺部的气流会通过口腔向外流出，形成气流。因此这几个声母叫作送气音。

如果一个辅音发音的时候既没有明显的气流流出，声带也不振动，那么就是不送气清音，如汉语拼音的 b、d、g。

实际的情况则要更加复杂，如传统上一般认为清浊对立的英语，发音时 b、d、g 很多时候声带振动在除阻以后。一般认为主要以送气、不送气对立的包括普通话在内的部分现代汉语方言，如果不送气音出现在语流当中（如"旁边"中"边"的声母），声带也未必会在当中停止振动。在各种语言中，"清浊"体现的方式仍然会有一定区别。

但是无论如何，对于大多数中国人来说，由于我们语言中塞音的对立仍然主要体现为送气与不送气之分，因此我们对清浊对立并不算十分敏感。欧洲语言塞音的对立则主要是清浊之分。英语由于清音习惯性地送气，因此我们对英语的 p/b、t/d、k/g 分辨起来较为容易。但是对清塞音大多数情况下并不送气的法语、西班牙语、意大利语中的 p/b、t/d、k/g，中国人分辨起来就难得多了。

对自己不熟悉的语言中语音分辨困难并不罕见。如英语 thing 中 th 表示的音，很多中国人听来和 s 没有什么区别；bad、bed 之分，也是有些中国人学习英语的难点；普通话的 in、ing，很多南方人都觉得听来差不多。但是对于以这些语言为母语的人士来说，分辨它们却往往不费吹灰之力。

没有哪种语言会把人类发音器官可以发出的所有声音都利用起来，几乎所有语言都是发音器官能够发出的声音的一个很小的子集。不同语言的语音复杂程度可以天差地别，但是都不可能利用上人类大脑在生理上能够分辨的所有分别。

对哪些音的区别比较敏感并不是由基因决定的。一个出生不久的、在学习语言关键时期的婴儿可以分辨出所有人类语言中能够区分的音。这样的一个人类婴儿，不管是何族裔，生长在哪种语言环境，都能完善地掌握这种语言的语音系统。生长在美国、母语是英语的华裔可以讲一口和其他美国人别无二致的英语。同样，从小在西班牙长大的华裔就不会像他父母那样对 p/b、t/d、k/g 的区分而头疼。

然而一旦掌握了母语之后，大脑中区分各种声音的能力就开始减弱。鉴别母语中存在的区别的能力会得到保留，而母语中不存在的区别就会渐渐变成"听不出"的玄学了。也因此，成年人再学习一门新的语言，发音就很难再达到母语水平了，总会受到母语的影响，有"口音"。

表面上看，这似乎是大脑的一种退化，但是这其实对处理母语信息是有利的。在真实的语言环境中，不是所有的语音区别都是重要的，譬如普通话里面有是否送气的对立，没有清浊对立，但是在快速语流中受前后的音的影响，有些单独念读不送气清辅音的 b、d、g 会发生浊化。对于一个说普通话的人来说，就不用在大脑中认真处理清音和浊音的区别，因为这只是变体而已，假如大脑真的投入更多资源处理这个无效区别，只是徒然浪费脑力。

不过，虽然今天大多数中国人对浊音并不算敏感，但是华夏大地仍有数以千万计的人说的方言里面存在浊音，这些中国人大部分居住在江苏南部、上海、浙江以及湖南部分地区。以江苏南部的常州话为例，"贵"读 /kuai/、"愧"读 /kʰuai/、"跪"读 /guai/，三个字的声母分别是不送气清音、送气清音和浊音。在包括普通话在内的大多数官话中，"跪"的声母和"贵"一样。常州话"当"读 /taŋ/、"汤"读 /tʰaŋ/、"唐"读 /daŋ/，绝大多数官话则"汤"和"唐"声母相同，两个字只有声调上的区别。

在这一点上，江浙的吴语和湖南地区的一部分湘语远远比大部分其他方言保守，这些语言普遍继承了古代汉语的浊音。而在中国大部分方言中，浊音都发生了各种各样的变化。说到这里，可能你已经发现了，为什么普通话里不存在 b、d、g、j、zh、z 配带鼻音的 an、ang、in、ing、ian、iang、en、eng、un、ong、ün、iong 的第二声：因为普通话的第二声阳平基本都来自古代的浊音，这些古代的浊音在普通话里都变成了送气的声母。所以普通话里只会有 pán、tán、qián、chán、tóng、cóng、chóng、pén，而不可能有 bán、dán、jián、zhán、dóng、zóng、zhóng、bén。

篇首引文中吴稚晖浊音强国的高论是在积贫积弱的民国时期出现的怪异谬论。当时中国各省代表正在讨论在全国推广的国语应该是什么样的。部分南方代表提出国语中应该有浊音和入声，甚至说南方人说话不带浊音和入声就不舒服。这自然是无稽之谈。在这次讨论之后数年，北京话被选择为国语的基础，和大多数官话一样，北京话无浊音。此后迄今，中国推行的普通话都是以北京话为基础，普通话没有浊音也并未影响古老中国复兴的脚步。

尽管浊音跟强国与否没有一丁点儿关系，有一点却难以否认：在遥远的古代，清浊对立是古汉语声母体系的重要特征。假设古代的中国人穿越到现代学习法语、西班牙语、意大利语，恐怕会比他们的后代 —— 也就是今天的我们 —— 容易很多。

吴语中的浊音如何追溯到古代的中国字母？

字母者，谓三十三字十四音……将前十四音，约后三十三字，出生一切。此等能生一切字故。一切诸义皆能摄故，故名为母。

——唐·窥基《瑜伽师地论略纂》

今天的我们能够确信，江浙地区方言如今的辅音格局是继承自古代汉语，古代的中国人不但对送气与不送气能够分辨，对清浊也同样敏感。这样的认知得归功于古代中国发明的字母。早在中古时代，中国人就已经通过创造字母的方式，较为完善地总结出了汉语的声韵体系。

今天中国人熟悉的字母主要是 26 个拉丁字母，当下全世界大部分语言采用的就是以古代罗马人使用的拉丁字母为基础的文字体系。拉丁字母自发明以来，就是一种纯表音的文字体系，这也是拉丁字母今天在世界各地如此盛行的重要原因之一：任何一种语言，只要把拉丁字母拿过来，顶多稍加改造，就可以较方便地拼读语音，这样的拼读书写下来就可以当作文字使用。

　　除了拉丁字母以外，当今世界上其他几种主要的文字体系也都是以拼读读音为主。然而中国人使用的汉字则是其中的另类。自远古时期中国人的祖先发明汉字以来，中国人一直使用汉字记录汉语，漫长的几千年间，汉字和汉语紧密结合，形影不离。在全世界主要文字体系中，汉字可说独树一帜，是极其少有的土生土长的、从远古沿用至今的自源文字。

　　尽管汉字高度适配汉语，在历史长河中忠实记录了汉语，然而对想要知道某个汉字的发音的人来说，汉字却也制造了一些障碍。总体而言，汉字并不直接记录发音，尽管有形声字存在，一个汉字的读音却也不是一目了然的。

　　因此，尽管从上古时代开始，中国人就用"目"来表示眼睛，但是作为一个象形文字，我们并不能直接知道发明"目"的人到底是怎么读"目"这个字的。理论上说，如果硬要用汉字表达英语，"目"读"eye"也未尝不可。要想知道"目"在古代的发音，就必须通过古人对"目"的注音来探得。

　　习惯用汉语拼音打字的当代中国人已经很难体会注音上的困难。但是对于没有拼音，甚至根本没见过拉丁字母的古代中国人来说，他们缺乏如汉语拼音这般称手的工具。在古代，我们的祖先为了能够给汉字注音，坚持不懈地进行了诸多探索。

　　对于一个稍微生僻的汉字，最直接的方法当然是用同音字标音。今天生活中，我们仍然可以经常见到很多这样用同音字注音的例子，譬如在描述上海话的时候，可能会有人说"上海话'人'的读音就是'宁'"。这种用同音字标注的方法简单方便，从古至今都相当流行。中国古人把这种注音方法称作直音法。

然而在简单方便的同时，直音法也存在一些重大的缺陷，它对使用者的文化水平有较高要求。想要使用直音法，就必须事先知道大量常用字的读音，否则就可能出现虽然知道两个字读音相同却两个字都不知道怎么读的窘境。更尴尬的局面也时有出现：如果一个字并没有常用字和它同音，那要么就得用一个不大常见的字，要么就得选个只是读音接近的字。于是直音法就会竹篮打水一场空。

实践中，有时候确实会用读音接近的字来注音，如"珣，读若宣"之类，经常出现于没有合适同音常用字的情况。无论是直音法还是读若法，都存在难以回避的缺陷，我们的祖先自然是不会满足于这些方法的。大约在汉末到南北朝时期，一种崭新的注音方式——反切法的出现，解决了直音法、读若法存在的问题，成为汉语主流注音方式。反切法的原理是把一个字的读音用两个字"切"出来。如"南"字，反切法注为"那含"，也就是用"那"的声母和"含"的韵母以及声调去拼合，就可以得出"南"的读音。

自反切法发明以来，汉语的注音体系可以说有了质的飞跃。相对直音法或读若法，反切法需要一定的基础知识才能理解，然而反切法的出现意味着几乎所有的汉字都能准确地切出读音。尽管如此，反切法仍然存在一些明显的可改进之处，最明显的恐怕就是反切的用字存在很高的自由度。譬如"冬"在著名的宋朝韵书《广韵》中为"都红切"，"丁"为"当经切"。这两个字的声母本是一样的，但反切的切语选择了不同的上字。如果仅仅只是以能读出读音为目标，这不是什么大问题，可倘若要总结汉语的语音体系，就稍嫌有些不完善了。

到了唐朝，通过进一步梳理总结汉语的语音体系，中国人发明了汉语"字母"。传统上，中国人把汉语"字母"的发明归功于唐末沙门守温，他创造了"三十字母"。

除了发明了"三十字母"外，守温可以说生平不详。和中古时期许多汉语语音的研究整理者一样，他也是佛教僧人。这和中古时期僧人接触过梵语有密切关系。佛教源自印度，早期的佛经多是从印度的语言翻译而来。中古时期开始，中国内地主要流传的一直是大乘佛教，大乘佛教的原始经典在印度一般以梵语书写。和世界上大多数文字一样，梵语也是采用一套表音的字母拼写。

事实上，"字母"这个词在汉语中出现就是为了描述梵语的书写体系。汉文书写的基本结构是"字"，一个"字"是一个独立存在的个体，表示汉语中的某个音节。由于汉语本身语素多为单音节的性质，一个"字"通常也表示某个语素，有自身的含义。但是梵语的书写则很不一样，用唐朝著名僧人玄奘的徒弟窥基在《瑜伽师地论略纂》中对"字母"的解释就是："字母者，谓三十三字十四音……将前十四音，约后三十三字，出生一切。此等能生一切字故。一切诸义皆能摄故，故名为母。"梵文中的单个字母并没有含义，只是为了表音，但是把这些字母拼合起来，却能拼出一切词句，所以才叫"字母"。

古代印度的语言学发展到了相当的高度，佛教中的"声明学"就是主要研究语言的学问。哪怕梵文字母也在许多方面体现了古印度语言科学的成果：与拉丁字母 A、B、C、D、E、F、G、H、I、J、K、L、M、N、O、P、Q、R、S、T、U、V、W、X、Y、Z 的排序本质而言是无规律的乱序不同，梵语字母是按照相当科学合理的顺序排列的。梵文字母的排列顺序大致遵循这样的原则：首先排列塞音和鼻音，根据发音部位分成 5 组；从发音位置最靠后的组开始排列，渐次向前，每组内部又按照清不送气、清送气、浊不送气、浊送气、鼻音分 5 类；把这些声母排列完成之后，再将不便归于任何一类的字母附在之后。也就是说，梵文的塞音和鼻音字母排列构成一个规律而科学的 5×5 矩阵。

क（ka）	ख（kha）	ग（ga）	घ（gha）	ङ（ṅa）
च（ca）	छ（cha）	ज（ja）	झ（jha）	ञ（ña）
ट（ṭa）	ठ（ṭha）	ड（ḍa）	ढ（ḍha）	ण（ṇa）
त（ta）	थ（tha）	द（da）	ध（dha）	न（na）
प（pa）	फ（pha）	ब（ba）	भ（bha）	म（ma）

　　梵语的语音相对复杂，尤其是辅音系统很大程度上有较为足够的字母兼容其他语言的辅音。加之这样的字母排序科学合理，在大多数以印度婆罗米字母为基础创造的文字中，基本保留了这样的顺序。如和婆罗米字母关系很密切的藏文、傣文的字母顺序大体都是照搬该排序。

　　当佛教传入中国后，印度语言学的成果——字母也很快对中国人对语言的认识产生了相当大的影响。

　　对于接触过梵文的僧人，尤其是其中参与过翻译工作的，几乎不可避免地会比较梵语语音和汉语语音。中古时代的僧人尤其对梵文字母颇多赞美，相比数以万计、随时代演进不断出现的汉字，只用几十个字母拼写世间万物的梵文在某些僧人看来颇有亘古未变的天赐之物感。唐初高僧道宣在《释迦方志》中就曾赞美："故五天竺诸婆罗门，书为天书，语为天语，谓劫初成梵天来下，因味地肥，便有人焉。从本语书天法不断……汉时许慎方出《说文》，字止九千，以类而序。今渐被世，文言三万，此则随人随代，会意出生，不比五天，书语一定。"

更为夸张的是玄奘和尚的另一位弟子彦悰和尚。他主张不要再进行不精确的佛经翻译，而是应该中国人全体学习梵语。如果中国人全都学了梵语，那就"五天正语，充布阎浮；三转妙音，普流震旦"。"阎浮"是梵语 जम्बु（jambu），本是一种果树，也就是莲雾（莲雾正是这个词的音译），在佛教世界观中，长了阎浮树的大洲即为人类所居的南瞻部洲，所以阎浮指代世界。"震旦"则是梵语 चीनस्थान（cīnasthāna），是梵语中中国的称呼。在彦悰和尚心里，一个人人都会梵语的中国与世界才是理想的。武周时期著名僧人义净颇为赞同与其翻译不如让大家都学会梵语的论调，他甚至身体力行编写了《梵语千字文》这样的教科书，并号称只要认真学习一两年就可以当翻译。

唐朝几位名僧和尚的言论在现实中并未产生任何可见的影响。一方面，汉语和汉字具有强大的生命力，要让中国人全民改掉自己的母语去学习一种异国语言，无异于痴人说梦。另一方面，拼音文字简单的前提是一个人得会说这种语言，如果连说都不会说，就算学会了一套字母，也什么都拼不出来。与之相比，汉字虽然确实需要较高的学习成本，但是经过几千年的磨合，它和汉语早已经高度适配，对于社会中有读写需求的那部分人来说，学汉字并不是什么无法完成的困难任务 —— 至少是比学会梵语、梵文要容易多了。

在整个中古时代，中国社会中能够真正掌握梵语的人仍然是凤毛麟角。就算是高僧群体中，能以梵语交流乃至著书的仍然少之又少，恐怕只有彦悰的老师玄奘和尚这样有过长期在印度学法经历的僧人才能真正做到梵语水平出神入化。事实上，玄奘和尚确实组织把汉语的《道德经》翻译成了梵文，但这是唐太宗给他的任务，他本人并不情愿。辛苦翻译的梵文版《道德经》很快失传，也说明梵文原文读物在中国社会中实际上并无市场。

但是梵语的影响仍然逐渐渗透。终于，唐朝有僧人提出，汉语其实也可以像梵语一样总结出"字母"。每个"字母"其实就是汉语中的一个声母，用一个属于这个声母的特定汉字代替。唐朝僧侣一开始发明的是三十字母，发现于敦煌的《归三十字母例》就体现了这种"字母"。譬如第一个字母为"端"，下方又举了"丁当颠战"四个属于"端"母的字作为例证。

通过三十字母，可以明显地看出梵文字母在当时的影响。以"端透定泥"为例，它们分别是清不送气音、清送气音、浊音和鼻音，与梵语字母每组内部的排序完全相同。和梵语的差别只在于，汉语的浊音并没有送气与不送气的对立，自然也就不需要用两个字母表示浊音，其他组别的汉语字母如果和梵语语音可以对应，也都是按照清不送气音、清送气音、浊音、鼻

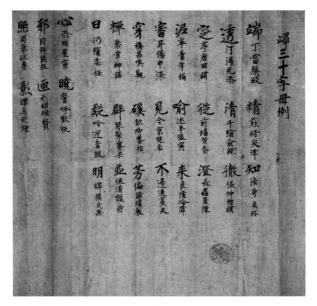

《归三十字母例》

音的顺序排列的。不过如果碰上和梵语语音难以一一对应的组别，就出现了一些不规律的现象，如把"审穿禅日"放一起，反倒把"照"放在了矩阵外的附加组。

到了沙门守温的时代，守温进一步整理了三十字母。他将三十字母按照发音部位进行了进一步的梳理，最终整理出：

唇音：不芳并明

舌音：端透定泥是舌头音

　　　知彻澄日是舌上音

牙音：见君溪群来疑等字是也

齿音：精清从是齿头音

审穿禅照是正齿音

喉音：心邪晓是喉中音清

匣喻影亦是喉中音浊

以上总结来自在敦煌发现的《守温韵学残卷》。这是一个相当潦草的抄本，抄写者很可能对语音学本身一无所知，因此有不少疑似抄错的地方，不过仍然可以看出守温本人的研究已经到了比较高的水平。与梵语从口腔后部向前的排列顺序有所不同，守温字母的排序是从口腔最前部的唇音开始向后排列，并且归纳了每组音的发音部位。当然，这里的发音部位总结和现代人的感受有所不同。譬如"见君溪群来疑"发音部位是"牙音"，此处的"牙"指的是后牙，因为这几个声母发音位置已经很靠后。其中"来"母显然是守温或者抄写者归类错误，剩下的几个字母在今天中国南方广东、福建等地的大部分方言中，发音位置仍然很靠后，如广州话"见"/kin/、"君"/kʷen/。但是在大部分方言中，则因为腭化关系，这些字的发音位置出现了前移。

这套守温字母在中古以后不断改进，到了宋朝，完善为三十六字母。由于守温和尚的影响力，三十六字母也经常伪托守温和尚的名义，称守温三十六字母。三十六字母对发音部位的归类和分析比守温三十字母要精准很多，而且脱离了生搬硬套梵语的桎梏，对声母体系的分析更加契合汉语的实际，基本可以准确反映中古后期汉语的语音体系。

		全清	次清	全浊	次浊	全清	全浊
唇音	重唇	帮	滂	并	明		
唇音	轻唇	非	敷	奉	微		
舌音	舌头	端	透	定	泥		
舌音	舌上	知	彻	澄	娘		
齿音	齿头	精	清	从		心	邪
齿音	正齿	照	穿	床		审	禅
牙音		见	溪	群	疑		
喉音		影			喻	晓	匣
半舌					来		
半齿					日		

　　三十六字母虽然是在宋朝出现的，但是宋朝人本是想描述隋朝陆法言所编撰的《切韵》中体现的中古汉语早期的语音体系，只是由于时间上差了小几百年，出现了一些当时语音的成分。在进一步分析中古汉语早期的语音体系后，中古时代的字母表应为：

		全清	次清	全浊	次浊	全清	全浊
唇音	帮组	帮 p	滂 p^h	并 b	明 m		
舌音	端组	端 t	透 t^h	定 d	泥 n		
舌音	知组	知 ţ	彻 $ţ^h$	澄 ḑ	娘 ɳ		
					来 l		
齿音	精组	精 ts	清 ts^h	从 dz		心 s	邪 z
齿音	庄组	庄 tʂ	初 $tʂ^h$	崇 dʐ		生 ʂ	俟 ʐ
齿音	章组	章 tɕ	昌 $tɕ^h$	常 dʑ	日 ɳ	书 ɕ	船 ʑ
牙音	见组	见 k	溪 k^h	群 g	疑 ŋ		
喉音	影组	影 ʔ			云 ɦ　以 j	晓 h	匣 ɦ

　　自从字母出现之后，我们的祖先就一直习惯用这些汉字充当的"字母"总结语音。虽然其中中古的字母影响最为深远，

但是后来出现的各地韵书也统统使用这样的格式。譬如描述明朝北方话的《韵略易通》就精心挑选了二十个字来代表当时北方话的二十个声母，并且这二十个字还可以连缀成诗，即："东风破早梅，向暖一枝开，冰雪无人见，春从天上来。"明朝戚继光在福建地区抗击倭寇时，为了让戚家军能和当地百姓交流，还先后出现了描写福州话的《戚参将八音字义便览》，里面把福州话的声母总结为"柳边求气低波他曾日时莺蒙语出喜"。据传戚家军还曾经用十五字的声母和其他字的韵母编成军事密码。由于福州方言和闽南方言同属闽语，音系有相近之处，随后十五声母南流至闽南和潮汕地区，在当地形成所谓十五音，广为流传。

　　严格来说，这类并非为纯粹表音而设计的汉字，如果真代替汉字直接用作表音书写，还是显得相当不方便。中古时期的中国人也不是没有过用表音字母来拼写汉语的情况，敦煌就有一些用藏文字母拼成的汉语，于阗也有用于阗字母拼的汉语，这恐怕是中古时代中国最接近"拼音化"的尝试。但是可以发现，这些尝试一般都发生在远离中原，非汉族影响较强的地区。而且总的来说，此类尝试要么是出现在学习对方语言的材料之中，要么是出现在非正式的文体之中。由于没有系统梳理音系，直接生搬其他语言的字母，拼写上一般比较随意，也不能完整地反映当时汉语的语音系统。

　　相对来说，有意识地整理描述当时汉语发音的"字母"，会使我们对当时汉语发音体系的认识更直接。稍留意一下中古时代的中国人总结的声母字母，就会发现当时的语音系统要比今天的任何一种汉语都复杂得多，而且古人把清不送气音、清送气音、浊音和鼻音分别命名为全清音、次清音、全浊音和次浊音。以"端透定泥"为例，"端"属全清音，"透"属次清音，"定"属全浊音，"泥"属次浊音。结论很明显，古代中国人对浊音是相当敏感的，他们在整理字母的时候把浊音归入"全浊音"类别。

今天江浙地区的吴语和湖南娄底、邵阳等地的语言仍然能够完整保留中古时代字母中"全清""次清""全浊"的对立，江浙人如果读字母表中同一行全清、次清、全浊三栏的字母，一般都能读出三个声母。然而如果你没有出生在上述区域，这三栏字母你读起来一般只会有两个声母。一般来说，中国大部分方言"全清""次清"声母的读音比较一致，但是"全浊"栏里的则各地大不相同，可说千奇百怪。今天中华大地上各类方言的形成，就和浊音的变化有着绝大的干系。

陕西人把"稻子"念作"讨子"是怎么回事?

关中人呼稻为讨。

——唐·李肇《唐国史补》

我们仍然以"端透定泥"为例。在多数汉语方言中，"端""透"的声母不同，而且发音大体是较为接近的。"端"的声母是 /t/，透的声母是 /tʰ/。只有少数方言，如海南话有比较严重的出入。同样在能够区分 n、l 的大多数汉语方言中，"泥"的声母都是 n 或者和 n 接近的鼻音，其他组别的声母大体也遵循类似的规律。如在"帮滂并明"这一组中，大多数汉语方言"帮""滂""明"的声母读音都较为相近。

然而属于"全浊"的"定"的声母，则在各地方言中千奇百怪：在有些方言，譬如普通话、广州语、厦门话、长沙话中，和"端"相同，读 /t/；在另一些方言，如梅州话、南昌话中，则和"透"相同，读 /tʰ/；在声母相对保守的上海话、苏州话、温州话、双峰话等方言中，和"端""透"都不一样，读 /d/，也就是维持了中古时期的发音。

几乎所有的全浊声母在各地方言都会发生类似的紊乱。中古属于全浊的"并定群从床禅"等声母莫不如此，这样的局面得归咎于浊音清化。

浊音清化本身并不是一件奇怪的事情，尤其是 /b/、/d/、/g/这样的浊塞音。塞音发音时发音器官在口腔内形成封闭的共鸣腔，由于浊塞音发音时，声带必须不断振动，而声带的振动需要气流催动，会导致肺部空气进入共鸣腔，但是封闭的共鸣腔容量有限，随着空气不断进入共鸣腔，共鸣腔内气压不断升高，当共鸣腔内气压升高至与声带下方气压相同时，气流停止，声带也就不能振动了。因此浊塞音非常容易发生各种变化，其中清化就是非常典型的演变路线。

全世界许多语言都经历过清化，被吴稚晖盛赞的所谓"浊音字"多的德语，恰恰是清化的重灾区。德语历史上经历过至少两轮清化，其中第一轮清化规则的发现者中国人很熟悉——格林。

对于许多八零后和九零后来说，《格林童话》无疑是美好的童年回忆。《格林童话》的作者格林兄弟本是语言学家，其中哥哥雅各布·格林最重要的贡献是发现了格林定律，即英语、德语这样的日耳曼语言比起它们的其他亲属语言发生了明显而系统的浊音清化。譬如英语 2 说 two，而拉丁语的 2 就是 duo。随后相比英语，德语又发生了一轮清化，所以英语的 day 在德语中是 Tag。

就汉语和其他汉藏语系的亲属语言来说，早期的汉藏语可能是清浊对立为主。以汉语的亲属语言——藏语为例，今天的藏文字母清塞音区分送气和不送气，但是前古典时代的藏语就很难找到送气和不送气对立的例子。在当时，送气和不送气的声母更像是一种变体，如果是单独的清辅音就送气，如果前面还有其他辅音则不送气，非常类似今天英语 p、t、k 和 sp、st、sk 的情况。反过来说，清辅音和浊辅音在古代的藏语中则是扎扎实实对立的。

单就汉语来说，至少自上古时代开始，送气和不送气就已经有了相当明显的对立，而这两类辅音又和浊音存在对立。因此，从上古时期开始，汉语的塞音就是清送气、清不送气和浊三系对立。这样，当浊音清化时，就有两个选择，并入清不送气音或清送气音。

历史上的浊音清化在东亚和东南亚的语言中尤其常见，这些语言往往也有清送气和清不送气的对立，清化的结果却大不相同。如中国云南的西双版纳傣语，历史上也有过浊音，甚至在西双版纳傣文发明的时代，有一整套专门用来拼浊音的声母。然而在现代的傣语当中，古代的浊音也已经变成了不送气的清音。

西双版纳的"版"本是傣语中"千"的意思，西双版纳即"十二千田"，在古代的傣语中"千"的声母是个浊音的 /b/，但是在现代的西双版纳傣语中则读不送气的 /p/，而在泰语和老挝语当中，"千"（พัน）现在的声母也已经清化，不过变为了送气的 /pʰ/。

古代藏文中的浊音，在现代的拉萨话中也已经清化，其规则相对复杂，大体上如果是光杆的浊音声母会送气，如果前面有其他辅音则会变不送气。藏族自称在藏文中本来是 བོད（bod），但是在拉萨话中变成了送气的 /pʰøʔ/，"饭"在藏文中本写作 འབྲས（'bras），由于 b 前面仍然有另外一个辅音 '，因此在拉萨话中读不送气的 /tʂɛʔ/。

就汉语来说，从上古到中古，清浊对立都相当稳定，直到中古早期，所有有关汉语方言的记录几乎没有记载某地方言清浊发生混淆的问题。尽管在《切韵·序》中有"吴楚则时伤轻浅，燕赵则多涉重浊"这样的描述，但是作者陆法言并没有举例，难以推知这里的"轻浅"和"重浊"的实际含义，也很难从这样语焉不详的描述中看出太多。

中古以后，除了保留浊音的江浙方言和湖南部分方言外，其他方言都陆续发生了清化。有意思的是，汉语方言的清化有着很神奇的特点，那就是经常和声调有关。

以普通话为例。中古归属"定"母的平声字，如"庭""谈""昙""图"等，其声母都变成了送气的 /tʰ/，这也是普通话第二声最主要的来源；而如果碰上其他声调，如"地""敌""弟""蝶"，则基本都变成了不送气的 /t/。最有意思是"弹"，中古时代和现在一样都是多音字，但是中古时代这个字的两个读音只是纯粹的声调不同，一读平声、一读去声，到了普通话里，却由于浊音清化规律的关系，读音分别变成 tán（/tʰan³⁵/）和 dàn（/tan⁵¹/）了。

这样的清化模式也是当前中国方言中的主流，华北、东北以及江淮地区和长江流域的官话绝大部分都是这样的清化模式。此外，华南地区的粤语，如广州话大体也遵照这样的模式。只是广州话在碰上中古上声的浊音字时，不少字会送气并读阳上调，与官话不同。如"抱"，广州话读 /pʰou¹³/。湖南地区没有保留浊音的方言则多不管声调统统变成不送气清音，如长沙话"长"读 /tsan¹³/，并不送气，所以"长沙"听起来有些像汉语拼音的"zánsō"。山西中部地区部分方言，如太原话以及胶东半岛尖端的文登话和荣成话也走了如此路线，"爬"太原话说 /pa¹¹/，听起来像普通话的"把"；荣成话"爬"说 /pa³⁵/，听起来像普通话的"拔"，"盘"说 /pan³⁵/，倒差不多是普通话里不存在的 bán。不过太原和荣成、文登因为近代受到华北方言以及普通话的强烈影响，许多平声的浊音字背离了本有的模式，也读成了送气音。福建方言的清化模式则神鬼莫测，表面上看并无什么特别的规律，大部分古代的浊音变成了不送气的清音，但是又有为数不少的字变成了送气清音，这和福建方言较为复杂的历史和更早的分化时间有很大关系。

不过要说起汉语方言比较古老、覆盖面也很广的一种清化，可能还当数一种从唐朝开始延续到今天的清化模式，即不分声调全部清化为送气清音。

唐宪宗年间有一位叫李肇的官员，他著有《唐国史补》，该书主要补记一些唐朝中前期的历史，也兼带提一些逸闻轶事。其中提道："今荆襄人呼提为堤，晋绛人呼梭为荽，关中人呼稻为讨，呼釜为付，皆讹谬所习，亦曰坊中语也。"

虽然这些语音现象被李肇毫不留情地批判为"讹谬所习"，贬之为"坊中语"，即俚俗之语，上不得大雅之堂，但是这样的坊中语却是语音发生变化的先声。可以看出，此时湖北和陕西的百姓口中浊音都发生了清化现象，在湖北浊音变成了不送气清音，在陕西变成了送气清音。

今天的湖北方言浊音清化规律和大多数官话相同，并不符合"呼提为堤"的特征，没有继承古代的湖北方言。但是关中地区的方言，"稻"至今都说"讨"，哪怕是受外界影响比较严重的大城市西安的方言亦然。

不消说，所谓"稻"读"讨"是典型的浊音清化成了送气清音。许多北方话中，都有零零星星的几个本来的浊音仄声字清化后变成送气音，甚至普通话也不例外。如普通话的"特"字就是一个来自古代浊音的入声字。绝大多数的官话方言本来是浊音上声字的"筒"，也变成了送气清音，并且维持了上声读音，和"呼稻为讨"的情况如出一辙。江淮以南的官话"族"几乎都读送气清音，譬如昆明话读 /tsʰu⁴²/，成都话读 /tɕʰio²¹/，南京话读 /tsʰuʔ⁵/。在大多数官话中，这些字为数不多，然而在关中、晋南以及甘肃南部，长江江苏段北岸的泰州南通地区的语言，江西以及广东东部的客家话中，浊音不论声调则大规模变成了送气清音。

以一张网络流传的"陕西人买菜"图为例。这张图虽然颇有恶搞成分，但是读音却是地道的关中读音。其中"透肤"为"豆 /tʰəu⁴⁴/ 腐"，"赔菜"为"白 /pʰei²⁴/ 菜"，"积碳"为"鸡蛋 /tʰã⁴⁴/"，"红落浦"为"红萝卜 /pʰu³¹/"，"透鸭子"为"豆 /tʰəu⁴⁴/ 芽子"。这些迥异于普通话和大多数北方官话的读音都是把古代的浊音变成了送气清音的缘故。

"陕西人买菜"图

当然，图中这样的"陕西话"目前只有在关中比较偏僻的地区才存在。由于近代以来华北地区官话和普通话对陕西关中方言的强烈影响，其古代浊音变送气的字越来越少，很多仄声字出现了类似普通话的不送气读法。尤其在西安这样的中心城市，大部分浊音字送不送气已经与普通话一致。但是在关中东部渭南地区，尤其是关中东北部临近山西的韩城、合阳、大荔等地，"陕西人买菜"图中的方言仍然是真实存在的。假如买菜的关中人按照关中习惯把卖菜的店老板称"掌柜的"，"柜"还会读 /kʰuei⁴⁴/。

哪怕是在西安城，口语中部分浊音仄声字，如着（火着咧）、倍、避、舵、造，仍然读送气音。或许是冥冥之中的巧合，尽管关中并非稻子的主产区，西安城的市民更加不会种稻，但是"稻"仍然是西安话中读送气音的古全浊仄声字之一。也就是说，虽然今天的关中方言和唐朝关中话相比已经发生了翻天覆地的变化，但是"关中人呼稻为讨"的特点在整个关中范围仍然较为顽固地保留至今。

这种浊音变送气的模式在中晚唐就已经颇具规模了。除了李肇简短的记录之外，藏文的记录也相当鲜明地体现了这个特点。

几乎整个唐朝时期，吐蕃帝国都是东亚不可小觑的一支军事力量。现在甘肃的河西走廊地区曾经一度被吐蕃占据，敦煌就是被占领的重要城市之一。吐蕃占领敦煌后，敦煌成为重要的抄经中心，大量汉人受雇抄写佛经。在这一过程中，许多汉人对占领者的语言——藏语逐渐熟悉起来，而有些吐蕃人也有学习汉语的兴趣。

汉语和藏语虽然同属于汉藏语系，但在文字上却大相径庭。汉字是一种土生土长的自源文字，表音并不是汉字设计的核心考量，藏文则是从南亚次大陆引进的拼音文字，表音相当精确。事实上，直到今天，书面藏文仍然保留了引入藏文后不久的藏语发音，藏文也堪称是整个汉藏语系中最早的精确系统表音的文字。

中晚唐河西地区汉族和藏族的文化交流，导致出现了用藏文字母充当拼音拼写汉语的做法。这样的做法有的出现在汉族人和藏族人学习对方语言的教科书中，有的则是汉人觉得藏文拼写的做法比写汉字更加简单便捷，因此在一些笔记或者涂鸦等非正式行文时乐得用藏文拼写。

无论用藏文拼写汉语到底是何目的，这些藏文标音的汉语都极其重要。这是历史上第一次有人成规模地用一种拼音文字来直接拼出汉字的读音。由于藏文字母怎么读是相对确定的，用藏文字母来拼写就让我们可以直接得知当时汉语的读音。

地域原因使得河西地区的藏文注音表示的多为当时的西北方言。宋朝以后随着西北地区人口的流失和迁移，西北地区的方言发生了很大的改变，重新出土的敦煌汉藏对音材料成为我们了解唐朝到五代时期的中古西北方言的重要证据。

由于藏文具备不送气清音、送气清音、浊音字母，我们可以非常清晰地看出唐朝西北地区浊音的变化轨迹。在早期的汉藏对照佛经《金刚经》和《阿弥陀经》中，中古汉语的浊音用藏文的浊音字母来表示。

但是时代较晚的材料里面，却出现了新的动向。五代或者宋初出现的双文版《大乘中宗见解》中，"独"拼写为ཐོག（thog），"鼻"拼写为ཕྱི（phyi），"帛"拼写为ཕེག（pheg），"造"拼写为ཚེའུ（tshe'u），中古时代的浊音已经变成了送气清音。同时期的另一些敦煌文献则有浊音不论声调都与不送气清音混并的趋势，较接近所谓"荆襄人呼提为堤"，只是这种模式在西北地区并无明显的后续承继。

反之，浊音变送气清音的格局则顺利延续到了宋朝。西夏时期的汉语和西夏语词典同样体现了全浊清化为送气清音的格局。宋朝以后，伴随西北地区政治、经济、文化地位的下滑，西北地区的方言也越来越多地受到中原和华北地区方言的影响，西北地区方言全浊清化的轨迹发生了改变，越来越和华北地区趋同。但是在甘肃南部、关中、晋南的东西向条状区域，则仍然相当程度上保留了这种中古晚期的西北特色语音。

　　而在遥远的南方，长江北岸的南通、泰州以及江西、粤东地区也与这样的清化模式遥相呼应。与北方的"呼稻为讨"区不同，这些位置更南的方言近古以来受到华北官话的影响更小，全浊仄声送气也就保留得更加完整。在这些地方，虽然韵母和关中话很难对得上，但"陕西人买菜"图里"豆"声母为 /tʰ/，"白"声母为 /pʰ/，"蛋"声母为 /tʰ/，则仍然是司空见惯的真实语音。

卷舌音

最具争议的卷舌音

北方话的卷舌音是其他语言带来的吗？

把"小公主"说成"小公举"是怎么回事？

南京式卷舌音是怎么影响到云南、宁夏等地的？

北方话的卷舌音是其他语言带来的吗？

The ch sound is, however, not unfrequently heard, but the Hankow native cannot realise a difference between it and the ts; this initial may be said to be, to a certain extent, in a transition state.（然而 ch 音并不是不能频繁听到，不过汉口本地人不能区分它和 ts；这个声母或许可以说，在一定程度上处于转变状态。）

——庄延龄（Edward Harper Parker）《汉口方言》（*The Hankow Dialect*），1875 年

幼时受教于家长和京语前辈，每发 š、c、j 三音时，常受申斥说："这不是汉话，别咬得那么重，舌头松点儿。"甚至有时责骂说："你也不怕舌头尖儿把上膛顶穿了！"

——瀛生《满语杂识》

恐怕汉语中再没什么东西比卷舌音更具争议性了，这大概得归功于卷舌音的分布天然地就为地域话题提供了无穷无尽的弹药。就大部分中国人的模糊印象，北方人说话有卷舌音，南

方人说话没有卷舌音。

中国各地方言千差万别，特征各异，差别绝不仅仅只在卷舌音上。偏偏卷舌音不光分布广，而且很容易听出来——就算是说话不带卷舌音的南方人，也能轻易听出北方人说话时有一类和自己截然不同的发音。反过来说，北方人听没有卷舌音的南方话，则往往也是怎么听怎么别扭。相比而言，要让母语中没有清浊对立的多数中国人听出江浙吴语有浊音，或者绝大多数岭北人听出广东话有非常丰富复杂的韵尾，和自己的方言不同，可就不是那么简单了。

由于卷舌音鲜明的特征，人们对卷舌音的态度可谓爱憎分明。喜欢卷舌音的觉得没有卷舌音的话这也不分那也不分，不够精确，仿佛不会使用舌头；而不喜欢的人则觉得卷舌音发音费事，不好听，甚至"矫揉造作"。更有甚者，还有人声称汉语本来并没有卷舌音，北方话里的卷舌音是"北方少数民族语言带进来的"。

在讨论卷舌音是不是和北方少数民族的语言有关之前，不妨先来确认一下，卷舌音是否真的是可以用来区分南北汉语的特征。

对于很多南方人来说，如果听到沈阳话，大概会惊讶于这种位于东北地区的方言居然全是平舌音，没有卷舌音的痕迹。这种方言可是够北了。巧合的是，沈阳往南不算太远的锦州方言在平卷舌方面和沈阳话截然相反，只有卷舌音没有平舌音。

没有卷舌音的北方话也并不仅仅是沈阳话。沈阳之外，辽宁其他地区的不少方言也都没有卷舌音。辽宁也并非北方唯一没有卷舌音的省份，山西太原话、内蒙古呼和浩特话也是只有平舌音。甚至山东也有没有卷舌音的地方，如济宁、聊城，他们学习普通话和不分平卷舌的南方人一样，也得经历痛苦的记忆过程。

反过来说，北方人对"南方话"没有卷舌音的印象也未必合理。去过云南的人大概不难发现大部分云南话都有卷舌音；湖南不少地方的方言也有卷舌音；虽然四川话的代表成都话没有卷舌音，但是川东北的巴中等地却不难找到说话带卷舌的四川人，川南自贡人卷舌头在四川尤其出名，很多四川人甚至以此编了些诸如"我们自贡人说话从来不卷舌头"此类的笑话取乐；江苏常熟方言也有卷舌音；甚至就算在天南之地的两广，也能找到不少有卷舌音的地方，如广东大埔、五华，广西象州等地。

事实上，如果我们能够乘坐时空机器回到 1800 年左右的中国，会发现现在许多已经没有卷舌音的南方城市当年说话都带卷舌。尽管当时的中国并没有录音设备，但是却有一帮热衷于记录各地方言的人，他们的身份可能有些令人意外：我们今天能如此确定 19 世纪中国版图上卷舌音的分布比现在广得多，得归功于在中国各地活动的西方传教士 —— 为了方便传教，他们热衷用字母记录当地方言。作为副产品，无形之中竟然留下了不少当时方言的记录。

以在成都活动的英国传教士钟秀芝（Adam Grainger）为例。作为传教士他并不算很出名，然而他在成都活动期间撰写了一本名为《西蜀方言》（*Western Mandarin, or the Spoken Language* of Western China）的书，出版于 1900 年，大致是成都方言字典与教材的综合体。这本书的注音方法相当简单明了，利用了钟秀芝的母语——英语的拼写规则。因此在书中，平舌音拼为 ts、ts'、s，卷舌音拼为 ch、ch'、sh。

如果今天我们要为成都话设计一套拼音，大可不必这么麻烦，因为今天的成都话只有平舌音。不过《西蜀方言》中的四川话可能会让很多成都人感到既熟悉又陌生。在这本书中，"成都"注音为 Ch'en^2 Tu^1，"层"则注为 Ts'en^2。也就是说，当时的成都话里，"成"和"层"有类似普通话一样的平卷舌对立。而在 21 世纪的当代成都话中，卷舌音已经完全消失，"成"和"层"完全成了同音字。

19 世纪后期西南大城市的方言有卷舌音的并不只有成都。无独有偶，稍早一些的 1869 年，法国传教士童保禄（Paul Perny）也曾经出版过一本《西语译汉入门》（Dictionnaire français-latin-chinois de la langue mandarine parlée），这是一本汉语口语、法语、拉丁语的三语词典。童保禄一直在贵州地区活动，所谓的"mandarine parlée（官话口语）"实际上指的是贵州省城贵阳的方言。

在这本字典里，童保禄用贵阳话来翻译法语，并且给出了汉字和注音，如"abandoner une entreprise"就翻译为"改主意 / Kày tchòu ý"，因此可以很方便地得知当时贵阳话的字音。

当时的贵阳话区分平卷舌，例如在书中，平舌音的"字"注音为"tsé"，"嘴"注音为"tsòuy"，"三"注音为"sān"。反观卷舌音的字，则"失"注音为"chě"，"志"注音为"tché"，

"疮"注音为"tchouāng"，"山"注音为"chān"。结合法语的拼读规则，毫无疑问是用 ch、tch 表示当时贵阳话里的卷舌音，而用 s、ts 等表示平舌音。

由于传教士的目的是学会当地方言方便传教，一般不会出现中国人自己编纂辞典韵书常见的崇古重官倾向。这两本书的存在无疑说明在 19 世纪后期，成都话和贵阳话都有相当完整的平卷舌对立，就如今天四川自贡、巴中等地的方言和大部分云南话一样。现代不分平卷舌的四川话和贵州话仅仅是近一百多年的产物。

如果说 19 世纪后期成都话和贵阳话的卷舌音还比较稳定的话，另一座大城市——汉口的卷舌音则已在风雨飘摇中。

本篇开始引用了英国人庄延龄（Edward Harper Parker）记录的汉口话。和 19 世纪热衷学习中国方言的各路传教士不同，庄延龄是一名律师、外交官和汉学家。他在 19 世纪后期为各英国领事馆服务期间，广泛记录了包括上海、温州、汉口、扬州、宁波等多地在内的中国方言，在当时的西方汉学界和对华外交界广受尊崇，甚至有传说他可以和各地中国人用对应的各地方言对话。尤为值得一提的是，庄延龄对中国语言的兴趣还扩展到了一些非汉语上，他曾经于 19 世纪 90 年代调查过海南琼山的石山话（即今天海口秀英区石山镇一带的方言，属临高语）。

庄延龄记录汉口话是 1875 年，不知是否因为当年的汉口人脾气和今天一样火爆，庄延龄对汉口方言极为怨念。他对汉口方言做出了如下评价："相当贫乏，只有 316 个音节，相比之下北京话有 420 个。""这种方言是处理过的最令人不满的方言之一……汉口方言处于自发变动的过渡状态，另外还受到聚集于此的众多商人的语音影响（This dialect is one of the most unsatisfactory to deal with... the dialect of Hankow is in a transitory state of its own proper motion, and is moreover largely affected by the speech of the numerous traders who congregate at that centre）。"

尽管如此，他仍然记录了卷舌音处于消失前最后一瞬的汉口话，庄延龄记录的汉口话卷舌音仅用于 chun、ch'un 这样极少数几个音节，此外他对 ch 声母的描述可能暗示仍然有一些汉口人话语中有更多的带卷舌音的字。20 多年后，1899 年，美国传教士殷德生（James Addison Ingle）撰写了《汉音集字》（*The Hankow Syllabary*），其中卷舌音就已经消失得无影无踪，至此汉口话比成都话和贵阳话更早地完成了卷舌归入平舌的变化。

卷舌音在南方的消退并不局限于西南地区，就算是总给人分不清楚平翘舌印象的江浙一带，在 100 年前仍然是有不少地方有卷舌音。当时的苏州和无锡均有卷舌音，20 世纪早期苏州人陆基曾经用注音符号设计了一套苏州话的拼音，注音符号本来是用来标注国语（普通话）的，存在平舌和卷舌的对立。陆基设计苏州话拼音时，则是继续沿用了注音符号本有的平舌音和卷舌音。今天的苏州评弹因为语音比平时说的苏州话更加保守一些，也仍然存在卷舌音，甚至苏州与无锡的许多村庄的方言也有卷舌音。

甚至在更南方，卷舌音也曾经普遍存在过。今天的粤语已经不分卷舌音和平舌音了，然而当时西方殖民者刚抵达香港时，广州话还是能够区分这两组声母的，因此香港人名和地名使用的习惯拼音也基本区分平舌和卷舌。普通话读卷舌音的字在这套粤语拼音中往往用 ch、sh 来表示，譬如香港机场所在的地名"赤腊角"写作 Chek Lap Kok；平舌音则用 ts、s 来表示，如"尖沙咀"写作 Tsim Sha Tsui。人名当中"锡"一般写作"sek"，而"石"则写作"shek"。今天广州和香港的粤语当中，"锡"和"石"除了声调不同以外，发音已经没有区别了。

语言学大师，被尊为"汉语语言学之父"的赵元任在第二次世界大战期间曾经给盟军写过学习汉语的教材，共有官话和粤语两个版本。他明确地写道，当时广州的粤语平卷舌已经不分，然而由于 20 世纪初期的粤语教材都分平卷舌，因此他的《粤语入门》（*Cantonese Primer*）中仍然予以区分。今天这样的区别在某些广西的粤语中还保留尚好。

19 世纪后期以来卷舌音的消亡速度是相当惊人的。尤其考虑到国语和后来普通话所依托的北京方言平卷舌对立很稳定，这样的消退更是接近奇观。尽管存在卷舌音会对学习普通话有很大帮助，普通话的存在理论上也可以帮助各地方言维持卷舌音，然而，在最近 100 多年间，卷舌音仍然在经历剧烈的退潮，不少曾经有卷舌音的地方的人再也懒得把舌头卷起来了。在一些地方，我们甚至还能亲眼见证卷舌音的消亡。譬如江苏南京，就处在卷舌音消亡的进行时，和 19 世纪末的武昌如出一辙。耄耋之年的南京人说话时还有卷舌音的存在，但是他们的孙辈却一口平舌音，"层"和"成"完全同音，只有"四"和"是"这样特定韵母的字还有平卷之分。当代的南京方言受普通话影响较为剧烈，不少南京的年轻人因为普通话的缘故，本来南京话不分的 n 和 l、an 和 ang 都已经能够区分，偏偏老南京话本有的平卷舌区别仍在稳步衰退，一些南京的年轻人甚至觉得只有北方人或者郊区的居民才会卷舌头。

卷舌音在诸多汉语方言中的消亡是汉语几千年来漫漫演变浪潮中的一朵小小浪花。清朝已经是卷舌音生命史的后期。可以说如果清朝和卷舌音真能扯上什么关系，恐怕也只能这样说：在晚清民国时期，南方各地说着各种不同方言的许多市民，不约而同地放弃了卷舌音。假设卷舌音真和满语有特殊关系，大概也只是个奇特的历史巧合，南方卷舌音大规模消失差不多和晚清时期主要居住在北方的满族人满语水平渐渐滑坡开始转用汉语同时。

自然，卷舌音的产生和清朝是没有关系的。事实上，满语并没有北京话那样的卷舌音。本篇文前引文中的瀛生是北京人，幼年时曾经学习过"京语"，也就是满语的北京方言。从他长辈的训斥中就可以看出，在当时会说满语的北京满族人看来，满语的 š、c、j 三个音和北京话里的卷舌音并不像。瀛生后来学习了英语，认为满语的这几个辅音和英语的 sh、ch、j 更为相似。更好玩的是，为了能够转写汉语的卷舌音 r，满文还不得不专门添加了一个新的字母用来对应。

就汉语的各种亲属语言来说，卷舌音并不少见，譬如多数藏语、彝语、纳西语等语言都有卷舌音。显然所谓卷舌音是受北方民族语言影响带入的说法，很难解释长久以来较为隔绝、很难受到北族语言影响的藏语怎么也能学出卷舌音的。

　　不过虽然汉藏语系的许多语言都有卷舌音存在，但是如果把"古"的范畴拉到上古时期，当时的汉语则很有可能并没有卷舌音。

　　虽然汉藏语系许多语言都有卷舌音，但是这些语言中大多数的卷舌音是由其他的音演变而来。以文献出现比较早，又使用拼音文字的藏语为例。今天拉萨藏语的卷舌音主要来自吐蕃时期藏文中的一些带 -r 的声母，譬如出现在《旧唐书》里的吐蕃第三十七代赞普赤松德赞，藏文拼写为 ཁྲི་སྲོང་ལྡེ་བཙན（Khri-srong lde-btsan），在《旧唐书》里音译为"乞黎苏笼猎赞"，但是在今天的拉萨话中，khri 已经演变为卷舌音 /tʂʰi/（音大略接近普通话"赤一"连读）。

　　今天普通话里的卷舌音追溯到中古汉语的时代至少有三类来源，分别来自中古汉语的三组声母，即中古汉语的知组、章组和庄组。

　　对于中古早期，也就是隋朝到盛唐时期的中国人而言，这三组声母的读音差别相当明显。幸运的是，通过中古时期中国人翻译外语时的用例，我们可以大体得知这些声母在中古中国人的口中到底怎么读。

　　知组声母在中国人翻译梵语佛经时，用来对应梵语的卷舌声母 ट/ṭ、ठ/ṭh、ड/ḍ、ढ/ḍh、ण/ṇ，如梵语 अकनिष्ठ/Akaniṣṭha（无上）被音译为"阿迦腻咤"，ṭha 用属于知组的"咤"音译。梵语的这组声母读卷舌的 t、tʰ、d、dʰ、n，它们与普通的 t、tʰ、d、dʰ、n 的关系，就和普通话里 zh、ch、sh 与 z、c、s 的关系差不多，听起来接近有点"大舌头"版本的 t、tʰ、d、dʰ、n。知组声母包括"知""彻""澄""娘"四个声母，早在清朝时，学者钱大昕就发现汉语中的知组声母和普通的端组的 t、tʰ、d、n，即"端""透""定""泥"四个声母实际处于互补状态。因此他得出结论，知组声母和端组声母本出一源，是更古的 t、tʰ、d、n 受到一些特殊的影响才发生的变化，即所谓"古无舌上音"。

　　钱大昕出生于上海嘉定，假如他是福建人，应该会对他的结论更加自信。至今在福建地区的方言中，知组声母的绝大部分字仍然读音和端组相同。如在厦门话中，属于"知"组声母的"茶"在厦门话中仍然读 /te²⁴/，这个读音随着闽南人下南洋传入马来语，又随着殖民南洋的殖民者传到了欧洲。英语的 tea 最终来源就是闽南语的 tea。近年出现的一种叫作"柳丁"的水果，也和闽南话的这个特点不无关系。其实"柳丁"本就是"柳橙"，在闽南方言中，属于知组字的"橙"字的读音为 /tiŋ²⁴/，听起来和普通话的"丁"比较像，所以"柳橙"就稀里糊涂地变成了"柳丁"。

　　和知组声母类似，章组声母同样和端组有密切的关系。并不需要懂得其他方言或者古音，仅仅从普通话读音和汉字声旁看，也不难发现 zh、ch、sh 和 d、t 有着相当密切的联系。如"儋"的声旁是"詹"，"蛇"的声旁是"它"，"都"的声旁是"者"。中古时期章组声母同样是由上古 t、tʰ、d、n 分化出的，与知组不同，它们并不卷舌，而是读舌面音，也就是 /tɕ/、/tɕʰ/、/dʑ/、/ɕ/、/ʑ/、/ȵ/，发音部位和今天普通话的 j、q、x 差不多。

　　尤其值得一提的是，今天普通话里面几乎全部的 r 声母的字都是来自中古章组中的"日"母，这个声母本是章组中的鼻

音 /ȵ/。在江浙吴语、广东客家话和一些广西的粤语中，"日"母字仍然保持了鼻音的古读，如"日"这个字本身，在苏南浙北和上海的吴语中普遍读 /ȵir²³/，在广西梧州的粤语中读 /ȵet²¹/。"日"是一个非常古老的、从汉藏语共同祖先传下的词根，在藏文中为 ཉི（nyi），也以鼻音开头。

　　普通话中卷舌音的最后一类中古来源是中古汉语的庄组声母。在知、章、庄三组声母中，庄组声母的发音和今天的卷舌音比较类似，包括了 /tʂ/、/tʂʰ/、/dʐ/、/ʂ/、/ʐ/ 几个声母。这组声母的上古来源和 t、tʰ、d、n 关系不大，反倒和 ts、tsʰ、dz、s、z，也就是后来中古汉语中的"精组"关系较为密切，如属于精组的"姓"声旁是属于庄组的"生"。如果以古汉语到普通话的演变历史看，这是资格最老的一批卷舌音。

　　也就是说，卷舌音的形成从中古早期开始到现在至少有一千多年的漫长历史，在漫漫时光中，古汉语中某些声母在一定条件下分化出了卷舌音。以普通话为例，类似今天 zh、ch、sh 的卷舌音最早出现于庄组。随后在中古晚期，先是章组也变成了卷舌音，和庄组合流，然后本来是大舌头的 t、tʰ、d、n 的知组发音的方法也发生了改变，与已经合并的庄组和章组再次合并，最终形成了普通话中的卷舌音。

　　所以，当代普通话里的卷舌音是中古十多个声母演变与合并的产物。卷舌音的来源异常丰富也导致普通话产生了一个有趣特点——卷舌音的字数往往比对应的平舌音的字数要多不少，因为普通话的平舌音来源非常贫乏，只不过是中古汉语精组字的一部分而已。

把"小公主"说成"小公举" 是怎么回事？

至于生升一音、森申一音、诗师一音、邹舟一音……但言一音者，则有舌音不清之诮……归于精一之母者，亦有之矣。谓以淄为资，以邹为读，岂不谬乎？

——明·徐孝《合并字学篇韵便览》

普通话里的卷舌音在汉语诸多方言中也属于较为丰富的一类。这是因为普通话里的卷舌音几乎就像一个语音黑洞，只进不出。从中古以来，越来越多的字掉进了卷舌音这个黑洞里，但是绝少有本来卷舌的字从黑洞里逃出来。类似的现象也出现在其他一些方言里面，甚至有的方言比起普通话来有过之而无不及。

如果论包含的字，普通话恐怕还算不上卷舌音最多的。锦州、连云港这样没有平舌音只有卷舌音的方言自不必说，在这些方言里面，精组字也被卷舌黑洞吸了进去，成为卷舌音的一部分。而在有些既有平舌音也有卷舌音的北方方言里面，一些普通话读平舌音的字它们也读卷舌。譬如"森、邹、所、厕"等普通话读平舌音的字，在郑州、济南的方言里都读卷舌音。这些字在普通话里曾经也读过卷舌音，不过由于种种原因成为少数逃离卷舌黑洞的字。而在郑州和济南，这些字则继续老老实实读卷舌音。

然而只进不出不是所有今天仍然有卷舌音的方言都有的现象。在许多方言里，卷舌音更像是一个水库，有进有出。篇首引文是晚明北京人徐孝所写，目的是给北京话正名鸣冤。当时的北京话和今天一样，"生""升"同音，"诗""师"同音，但这却被人说成是"舌音不清"，属于会被讥讽的语病，徐孝则认为这样的读法并没有毛病。同样我们也可以看出，当时的北京话和现在有少许不同，"森""邹"读卷舌音，和今天的济南话与郑州话类似。

同时他还批判了一些大概是笑话北京人"舌音不清"的人所说的其他方言：你们"生""升"倒是能分，不过"淄""资"和"邹""诹（诹）"却分不了，还不是照样有语病。从中也可以看出来，当时的北京话"淄"和"邹"应读卷舌音。今天由于"淄"还出现在"淄博"等地名中，在济南话和淄博话里头，"淄"也仍然读卷舌音。不过作为正宗北京人的徐孝大概没有料到，几百年后的北京话这几个字反倒变成他所讥讽的那样，"以淄为资，以邹为诹"了。

今天在北方地区不少方言中，卷舌音的范围都比普通话小一些，譬如在西安话、洛阳话、徐州话里头，"事""是"都读平舌音，只有"势"读卷舌音；"支"读平舌，"知"读卷舌。

"山西"和"陕西"在普通话里只有声调上的区分，以至于在有些场合陕西拼音必须要写成 Shaanxi，以防和 Shanxi（山西）混淆。但是如果拼音以西安话为标准的话，大可不必如此麻烦，西安话里"山"读平舌音，"陕"读卷舌音，"山西"可拼为Sanxi，"陕西"可拼为 Shanxi，完全不用担心搞混。同样这些方言中"生、升""森、申""邹、舟"都是一平一卷。不过在这类方言中，"诗"和"师"的读音一般相同，都读平舌音。因此它们应该并非徐孝攻击的对象。

然而到了长江流域和长江以南的说官话的地区，平卷舌的分布则又是另一番规律。老南京话、合肥话、昆明话"事"是平舌音，"是""势"是卷舌音，"山""陕"在这几种方言里面也都是卷舌音。在成都话和贵阳话还有卷舌音的时候，它们的平卷舌分布大体也是属于这个类型。

在这类主要分布在南方的方言中，"生升一音、森申一音、诗师一音、邹舟一音"都不存在，这四组字都是前一个平舌，后一个卷舌。因此也都是"以淄为资，以邹为诹"。徐孝攻击的"谬"的方言应该就是这类南方官话。可以说早在晚明时期，卷舌音就已经成了南北语音之争的焦点之一了。

不同方言中卷舌音的不同分布早就引起了中国人的注意，这和卷舌音的来源密切相关。总体而言，今天大多数方言里的卷舌音来自中古汉语"知""庄""章"三组声母字的一部分，中古汉语的精组在大多数汉语方言中都演变为了平舌音。由于卷舌音的来路异常复杂，在不同的方言里面，中古四组声母到现代平舌卷舌的映射并不一致。"知""庄""章"组的一部分字在一些有平卷舌对立的方言中会读入平舌。总的而言，在汉语中人口最多，地域最广的官话方言里，卷舌音的分布分南北两个大派。

包括普通话在内的大多数分布在华北地区的方言都属于北派。如果对京剧感兴趣，大概会发现京剧里面"知"（/tʂi/，发音类似普通话"知一"合在一起）和"支"（/tʂʅ/，发音类似普通话"支"）的读音并不相同。也就是说，在京剧里面，"知""支""资"三个字都不同音。如果加上在晚明的北京话里还读卷舌音的庄组"淄"，那么实际上发音时"资≠淄＝支≠知"。

这个分布并不是自说自话创造出来的。在这几个字中，"资"属于精组，"支"属于章组，"淄"属于庄组，"知"则属于知组。在中古汉语中，四个字都不同音且声母不同。在元朝到明朝早期的北方话中，虽然后三个字都变成了卷舌音，但是只是章组和庄组的"支"和"淄"发生了合并，"知"由于韵母不同仍然维持对立。

元朝时戏曲开始兴盛，周德清撰写了一本名为《中原音韵》的韵书，用来指导戏曲演唱时的发音，其根基是一种当时的北方话。而在《中原音韵》时期，"资""支""知"的读音已经和京剧里的发音基本一样了。周德清甚至专门强调，"知"和"之（在书中和"支"同音）"的发音必须不同，如果一样的话算是语病。

同样，京剧里"主""猪"读 /tʂy/（发音类似普通话"知淤"合在一起），"除"读 /tʂʰy/（发音类似普通话"迟淤"合在一起），"初"读 /tʂʰu/（发音类似普通话"初"），也是承袭自

《中原音韵》里就有的区别。韵母为 /y/ 的字来自中古知组和章组声母，在有的方言里后来还和来自见组的字发生了合并，所以"主"和"举"同音，"猪"和"居"同音，"除"和"渠"同音，但是"除"和"初"的读音保持了区别。然而在普通话中，卷舌加 /y/ 的组合与来自庄组的卷舌加 /u/ 的组合合并，因此"除"和"渠"能分，但是"除"和"初"则只有声调区别，"出（早期读 /tʂʰy/）"和"初"则完全同音。

在郑州、济南和北京方言中，随后的事情很简单，卷舌音非常稳固，只是"知"的韵母变得和"支"一样，所以发音时"资≠淄＝支＝知"。而在西安、洛阳、徐州等地，情况稍稍复杂一些。在这些方言里，卷舌音有进有出。"支"和"栀"从卷舌音变成了平舌音。随后仍然读卷舌音的"知"韵母发生了变化，所以"资＝淄＝支≠知"，前三者都是平舌音，只有当时靠着不一样的韵母保住了卷舌的"知"仍然读卷舌音。总而言之，虽然今天看起来这两类北方话平卷舌分布的差异相当大，但是如果论历史来源，北方大部分的方言都属于这个系统演变的产物，都可以从"资≠淄＝支≠知"的《中原音韵》体系演化而来（实际上《中原音韵》书中"淄"也像当代北京话一样读了平舌音，是一个例外，同属庄组的"事""史""师""狮""士"均读为卷舌音）。

因为这个变化发生得相当晚，因此北方各地的演化几乎是如天女散花一般。郑州走了第一条路线，但是和郑州近在咫尺的洛阳却走了第二条路线，郑州的东邻开封和郑州一样，再东边的徐州又成了第二条路线的代表，更东北方向的济南则是和郑州一致的第一条路线。

更加有意思的是，有一些北方话则依然维持了这两类卷舌音的区别。在山东，尤其是胶东一带，基本保留了《中原音韵》系统的格局。如在青岛话和荣成话里头，有两类"卷舌音"，一类卷得更加厉害一点，另一类卷得没那么厉害，接近舌叶音。北方话普遍都读卷舌音的且一般卷得没那么厉害的一类，在北京、济南、郑州卷舌；在西安、洛阳、徐州平舌的，在胶东的发音则卷得更厉害。例如在荣成话里，"陕"读 /ʃan/，"山"读 /ʂan/，"伞"读 /san/，三者都能够区分。在山东地区，能分的区域大致都处于潍坊到临沂一线以东，潍坊本地则只有耄耋之年的老人能区分，大多数人则已经不分了，变成和济南差不多的格局了。

山东东部地区可说是保留了这两类卷舌音的最重要的成片区域。不过在广大北方其他地区，仍然有零零星星保留了两类卷舌音的地方。虽然山东西部的方言普遍不能分两类卷舌音，但是进入河南境内后，濮阳和灵宝等地却是有区分的痕迹的，如濮阳话"资 /tsɿ/ ≠ 支 /tʂɿ/ ≠ 知 /tɕi/"，可说是中原大地上《中原音韵》平卷舌格局的孑遗。河北地区，如衡水和邢台的一些区域，也仍然能够区分；而在甘肃天水附近的一些地方，如秦安和清水，"卷舌音"同样分为两类，但是和胶东与河南相反，"山"读 /ʃæ/，"陕"读 /ʂæ/。

这样基本保持《中原音韵》格局的区域如今正在迅速萎缩，但是这些分布在北方各地的方言无疑说明，在不久之前，这曾是北方广袤土地上广泛分布的类型。然而如果说元朝写成的

《中原音韵》中，平卷舌分布已经可以涵盖现在北方话的分布类型，那么江淮和长江流域的南方官话，情况则有所不同。在长江流域能区分平卷舌的方言里，哪些字读平舌、哪些字读卷舌，就和北方大相径庭了。

南京式卷舌音是怎么影响到云南、宁夏等地的？

滇中沃野千里，地富物饶，高皇帝既定昆明，尽徙江左诸民以实之，故其地衣冠文物、风俗言语，皆与金陵无别。

——明·谢肇淛《五杂组》

位于南方的官话方言中，假如能够区分平卷舌，一般发音"资＝淄≠支＝知"，就算是四川笑话里面只有卷舌音的自贡也是如此。由于华北地区这些方言的平卷舌祖先形式是"资≠淄＝支≠知"，即"淄"和"支"（或"师"和"诗"）完全同音，而南方南京、合肥、昆明等地官话里"淄"和"支"（或"师"和"诗"）不同音，北方的格局无法通过自然的语言演变形成南方官话中的格局。

颇为奇特的是，江西人周德清撰写的《中原音韵》描述了北方话里面的平翘格局，而南方官话这样的平翘格局，反倒在一本地地道道产自北方的书——《蒙古字韵》中取得共鸣。《蒙古字韵》本是元朝早期的一本韵书，大体是采用八思巴文给汉字注音的参考书。

所谓八思巴文，是由元朝帝师八思巴创制的文字。八思巴（འཕགས་པ་）出身世代统治西藏萨迦一带的昆氏家族，元朝皇室和萨迦昆氏家族关系极为密切，八思巴和元世祖忽必烈共同经历了夺位战争以及元朝的正式创建。后来他受忽必烈委托，要设计一种新文字，即所谓"蒙古新字"，后世因这种文字是八思巴创制的，就称之为八思巴文。

八思巴文总的来说脱胎于八思巴最熟悉的文字——藏文。在八思巴字创造成功后，元朝迅速采纳八思巴文为帝国的官方文字。按照忽必烈的设想，为了让辽阔的大元帝国内各民族之间沟通顺畅，八思巴文不仅仅用来拼写蒙古语，还应该用来拼写一切语言。因为有着这个宏大的目标，八思巴文设计时针对藏文不便拼写的某些音还增设了一些字母。

当时蒙古已有自己的文字，是古代的回鹘文修改后的产物。元帝国的另两种非常重要的语言，汉语和藏语，都各自有自己历史悠久的书写系统。尽管用八思巴文统一拼写天下语言的理想很美好，总的来说八思巴文的设计也堪称科学合理，但是民众对语言文字的使用有着强大的社会惯性和文化情感，不会因为新文字存在一些好处就轻易转用文字。尽管八思巴文是理论上的官方文字，但是使用场合高度局限于某些官方场合，在社会上并不算很通行，更不用说取代元朝境内各民族自己的文字了。元朝覆灭以后，基本无人继续使用八思巴文了。

不过，作为元帝国境内人口最多的语言，汉语在当时也是八思巴文需要拼写的目标之一，因此《蒙古字韵》应运而生。

简单而言，这是一本用八思巴字拼出汉字读音的工具书，也是元朝时用八思巴文拼写汉语的指导规范。在《蒙古字韵》里，"资"拼为ꡐꡟꡞ，"淄"拼为ꡱꡟꡞ，"支"拼为ꡆꡞ，"知"拼为ꡆꡞ（实际书写时八思巴文由上到下写）。可以明显看出，在《蒙古字韵》里，"支"和"知"完全同音，"资 ≠ 淄 ≠ 支 = 知"。

　　从《蒙古字韵》出发，只要"资"和"淄"发生合并，就可以变成现代南方官话里的平卷舌格局。然而由于《蒙古字韵》里"支"和"知"已经同音，并不能自然演变成北方普遍存在的"支 ≠ 知"的方言，也就是说，早在元朝时期，南北方官话祖先在卷舌音方面就已经分道扬镳，走上不同道路了。

　　然而在各路北方话中，宁夏中北部的方言则是个显眼的另类。以银川话为例，银川话里"诗"和"师"都读卷舌音，这让银川话显得比较接近郑州、济南的方言。但是在其他字上，银川话的平卷舌分布却和诸多南方官话差不多。譬如在银川话里，"生"平舌、"升"卷舌，"瘦"平舌、"兽"卷舌，"森"平舌、"申"卷舌，"责"平舌、"折"卷舌，"三"平舌、"山"卷舌，"撒"平舌、"杀"卷舌，"早"平舌、"找"卷舌。这样的分布和临近的大城市兰州和西安都大不相同：兰州话"生""瘦""森""责"读卷舌音，西安话则"山""杀""找"读平舌音。反倒是南京、合肥、昆明的平卷舌分布和银川一致。

	北京	西安	兰州	银川	南京
生	卷	平	卷	平	平
升	卷	卷	卷	卷	卷
瘦	卷	平	卷	平	平
兽	卷	卷	卷	卷	卷
森	平	平	卷	平	平
申	卷	卷	卷	卷	卷
责	平	平	卷	平	平
折	卷	卷	卷	卷	卷
三	平	平	平	平	平
山	卷	平	卷	卷	卷
撒	平	平	平	平	平
杀	卷	平	卷	卷	卷
早	平	平	平	平	平
找	卷	平	卷	卷	卷

云南话、上个世纪的成都话、贵阳话的平卷舌分布和南京话一致并非偶然，这和明朝初年的洪武大移民密切相关。

长江上游的上江地区在中古时代本是人烟稠密的乐土，尤其是四川盆地更有天府之土的美誉。但是在宋末元初和元末的战乱中，上江地区人口损失极为惨重。战后为了振兴满目疮痍的上江地区，明朝组织了轰轰烈烈的洪武大移民，移民来自各地，其中长江中游两湖地区的移民占去很大比重。

宋朝的四川方言本是一种相当有自身特色的方音，当时人甚至留下诸多四川方言难懂的记录。然而在大量移民进入后，残存的四川土著在数量上被远远压倒。由于移民来自许多不同地方，当他们进入四川后，为了互相交流，最方便的方法就是用当时南方流行的共同语——以南京官话为基础的南方官话作为交流媒介。久而久之，移民的后代就忘却了自己父辈各自的母语，而是只讲这种新形成的接近南京话的新四川话了。

如果说四川接近南京是学出来的南京话，那么云贵高原一带的语言，尤其云南话的形成则和南京附近的移民有直接关系。在明朝以前，汉语在云贵高原的分布并不算广泛。虽然大理附近白族说的白语和贵州一些人说的诸如蔡家话之类的语言似乎和上古汉语有密切联系，但是到了明朝早期，他们和主流的汉语方言早已分道扬镳，不能通晓。

云南此时是元朝经营的重地，蒙古梁王长期驻扎昆明。明朝派沐英率领大军征滇成功以后，为了云南地区的长治久安，军队直接就地屯田，设立卫所，世代为军户，融入当地，与当地人杂居。如大理洱源县就有左所、中所、右所的地名，大理古城则是大理卫的驻地，无数"某营"的村落则是卫所基层组织遗留的痕迹。

沐英所带的军士大部分都是南京附近的江苏、安徽等地人，也就是来自明朝所谓的"南京省"，这也是为何至今云南有许多家族流传有祖上来自南京的传说。尽管军屯人员老家的方言可能有所出入，但是他们对南京官话都相对熟悉，接受程度也很高。派驻云南后，这些军户又由于有组织，相对聚居，语言保持得也较好。长期下来，军户们说的南京话就成了后来的云南话的基础。

宁夏北部方言的平卷舌分布和南方的官话相似也并不是偶然。宋元之交时，宁夏北部本是西夏的王畿重地，元灭西夏时战争惨烈，宁夏地区人口剧烈减少。非但如此，明朝初年，退回蒙古高原的元朝残余势力还有着强大的实力，有明一朝，蒙古各部南侵都是家常便饭。明朝洪武五年（1372年），为了防备元朝残余势力，在宁夏地区实行了坚壁清野的政策，原本宁夏府的居民全部被迁徙至关中，宁夏府被废。洪武九年，又从外地迁徙居民到宁夏地区，设置以宁夏镇为中心的卫所系统。至今宁夏许多地名也如云南一样保留了鲜明的卫所体系特征，如宁夏中卫，就是当时设置的卫所之一。因此在卫所密布的宁夏北部地区，平卷舌的分布受到了驻屯将士们来自南方的影响。相比之下，宁夏南部的人口则本地人较多，而且向来和陕西关中地区交往密切，因此这些地方的方言平卷舌的分布都较为接近西安话。

平卷舌的分布为我们追踪人口迁徙流动提供了难得的契机。相比很多容易受到外界影响而改变的语言特征，在绝大部分情况下，两个说中国话的人对话，即使双方所用方言平舌音和卷舌音的分布有所参差，也几乎不可能构成交流障碍，甚至如果不仔细甄别的话，往往都不会留意到两边说话平舌的字和卷舌的字不一样。因此，相对来说，较少有人会因为对方语言更加权威就改变自己口音中的平卷舌分布。也多亏这样，虽然今天以银川话为代表的宁夏北部方言已经一口西北味，但是细究之下，仍然能在平卷舌方面追根溯源，寻到当年南方军士北上守边留下的痕迹。

最后，我们还需要解决徐孝的抱怨。

可能你已经发现，在之前我们说过北京话的平卷舌分布接近于郑州、济南的方言，即古代的知、庄、章三组声母都读翘舌音，但是实际上许多理论上应该读卷舌音的字在北京话以及脱胎于北京话的普通话里却读了平舌音，譬如那个从《中原音韵》时期就开始捣乱的"淄"，徐孝心心念念的"邹"，还有明朝人笑话北京人和"申"混为一谈的"森"。

如果你对普通话的语音足够敏感，会发现普通话中有两个字颇为古怪，就是"色""择"。这两个字既有一个平舌的读音又有一个卷舌的读音，而且韵母也有些不同。这是因为和济南、郑州等典型的北方城市不同，位于华北平原北端的北京在元、明、清三朝长期是整个中国的首都。北京大量的市民，尤其是上层的官员文人并不来自周围地区，而是来自全国各地，其中南方出身的官员文人有着相当强大的文化影响力，因此北京话的平舌音和卷舌音的分野部分受到了类似南京地区的方言的影响。一些在济南、郑州等地读卷舌音而在南京读平舌音的字，在原本也应该读卷舌音的北京话中随着南京话读了平舌音。如果离开北京城，周围河北地区普通话读平舌音的字不少在口语里面都有卷舌读法。河北许多地方"所"读 shuo，"泽""责""侧"读 zhai（这个读音北京口语里也有，如"侧歪"），"策""册"读 chai。

这些北京话多读平舌，河北大部分地区归卷舌的字大多数出现在书面语当中，并非北京口语常用的字。由于南方文人对北京话的影响，北京口语中的读音就被"南京腔"的书音替换了。而口语中甚为常用的"色""择"，口语词还用北京本地的音，如"红色儿""择菜"，但是"颜色""选择"这样文绉绉的词就用了南京腔的读音。

南京式的平卷进入北京话经历了漫长的过程。生活在晚明的徐孝显然是坚决维护北京本地音的正宗老北京，南京式的读法他显然听着不习惯，以至于要专门撰文批驳。尽管如此，徐孝也并不能完完全全摆脱南京音的影响。在徐孝所编的《重订司马温公等韵图经》《合并字学集韵》中，本来按照北京本土规律应该读卷舌音的"溲"被列为平舌音，"岑""骤""淬"等字平卷两读。当时的北京话里，这些字大概南京音已经成了气候，就算徐孝认为这是"谬"也难改变现实，收了平舌音或许是审音不慎栽了跟头，或许是无奈承认事实。总之，徐孝的时代，南京音已经在悄悄渗入北京话了。

但是在另一些材料里面，作者则对南京式的平卷有更加大的包容心。

对南方成分渗入北京持不置可否态度的典型，大概是明朝在中国活动的传教士金尼阁。金尼阁出生于今天的比利时，他进入中国传教后先是在南京学习汉语，后又长期在北京、杭州、山西等地活动。

金尼阁今天最为人所熟知的成就就是撰写了一本叫作《西儒耳目资》的书。这本书用拉丁字母注汉字的读音，是现存最早系统用拉丁字母给汉字注音的书籍之一，对研究明朝汉语的读音有非常大的意义。

在处理平卷舌问题时，金尼阁并没有像徐孝那样事先定一个很高的南方音"谬"为调门，也就避免了在实际撰写时出现首鼠两端、进退失据的尴尬局面。作为一个学汉语是以实用为目的的西方传教士，金尼阁并不会像中国文人那样受到古代典籍的影响，也不会在记录中刻意求古、求纯或求规整。在这本书里，对待南京话读平舌而北方话读卷舌的知、章、庄组的不少字，金尼阁对此采取了非常简单粗暴的办法——两者兼收，因此"辐""岑""柿""争"等一大批字都有了平卷两个读法。

总体而言，经过明清两代的不断渗透，到了晚清，北京话的平卷舌分布已经和今天的普通话比较类似。不少字本来的卷舌读音退出了日常使用，或者只用在特定的一些口语词汇里面。而在 19 世纪后期以来卷舌音大范围消退的浪潮中，北京的卷舌音却异常稳固，反倒是历史上曾经影响了北京的南京式卷舌，在长江流域各大城市集体退潮。万幸的是，长江下游崛起的新贵合肥，云贵高原上的昆明、保山、腾冲，以及号称"塞上江南"的银川，这些地方仍然承袭着固有的南京式平卷。

如果说官话中的卷舌音虽然表面复杂纷呈，但是实际则是较为规整地按南北大致分两大类。东南各方言的卷舌音演变也像这片区域多样性极高的诸多方言一样，很难一概而论。

东南各地方言卷舌音演变的历史千差万别。譬如章组字在中古晚期的官话里已经演变成卷舌音，但是在很多保守的东南方言里，章组根本还没有发展到卷舌音的阶段，在浙江南部、江西、福建许多地方，章组字（例"真""掌"）的声母还是 /tɕ/ 或带 /i/ 介音的 /ts/，如"掌"温州话读 /tɕi/，福清话读 /tsyoŋ/。知组字在福建大部、潮汕地区甚至还读 /t/、/tʰ/，更是没有参与卷舌音的演变。同样是分平卷舌，客家话中分平卷舌的方言的平卷分法和粤语就颇为不同。粤语的平卷舌分法大体和济南、郑州的方言相同，"森""所"等字都读卷舌音，但是

"师""诗""知""之"之类的字则又接近南京式分法。客家话的分法则略接近西安、洛阳一带，但是"师""诗""知""之"的平卷规律又接近于粤语和南京话。吴语的分法又是另一套规律，甚至近在咫尺的苏州、无锡、常熟，各自方言的平卷舌不少字都有不同。

作为汉语中相当有特色的一类语音，卷舌音自中古时代出现就一直伴随汉语共同演化。各方言中的卷舌音有多有少，有的字加入了卷舌大军，有的字又从卷舌大军里退出。在不同的方言碰撞交流中，又有些字改变了原有的流向。可以说，中古以来汉语各方言所经历的变迁很大程度上被人们口中的卷舌音保存，语音变迁的背后又往往反映复杂的历史变迁。从这点上看，卷舌音可以说厥功至伟。把卷舌音归咎于北族语言影响或者北方人舌头捋不平、南方人舌头卷不起之类的笑谈，那可是太看低了卷舌音的历史地位了。

最后，如果你记性够好，可能会记得我们一直忘了提一个很特殊的卷舌声母，属于知组的鼻音"娘母"。关于娘母到底真是卷舌音还是只是中国古人为了凑齐一整套知组硬分出来的，一直有所争议。相对其他卷舌音声母在今天各地方言中的广泛留存，几乎没有哪座大城市的方言能区分娘母和对应的平舌音声母泥母。

然而，广袤的华夏大地总是充满惊喜。虽然素以保守存古著称的东南诸方言并没有区分娘母和泥母的痕迹，但在太行山与黄河围绕的北方方言多样性最高的地区——山西却有一块地方保存着卷舌鼻音。这块区域大概对应介休、平遥、汾阳、孝义一带。在这片区域，"挠"和"脑"的声母不一样，"镊"和"聂"的声母不同，"碾"和"年"的声母不同，每组前一个字往往读卷舌鼻音。正是有了这些方言的存在，才令人确信，中古汉语确实曾经有过卷舌鼻音。

腭化

"鞋子""孩子"与"上街""上该"

四川人为什么把"鞋子"说成"hai 子"？

天津的"双港"要读成"双 jiang"吗？

陕西瓦窑堡、吴堡的"堡"为什么读"bǔ"？

张各庄、李各庄的"各"是怎么回事？

北方说的"来 qiě 了"是什么意思？

四川人为什么
把"鞋子"说成"hai 子"？

街，国音ㄐㄧㄞ，北京读书音ㄐㄧㄞ，俗音ㄐㄧㄝ。

（ㄐㄧㄞ相当于 jiai，ㄐㄧㄝ相当于 jie）

——王璞《国音京音对照表》，1921 年

"我前两天上北京去玩，不当心把 hai 子丢了。"

"这可怎么办？找到了吗？报警了吗？"

"hai 子而已，也不算贵重，丢了就丢了呗，报警多麻烦啊，也不见得找得到。"

"你心也太大了吧，我从来没见到丢了孩子还这么淡定的。"

不知道读者看没看明白这个笑话？显然，这个丢了"hai子"的十之八九是丢了"鞋子"，所以并不是特别着急。但是他把"鞋"叫 hai，正好和"孩"同音，对方当他丢了孩子还嘻嘻哈哈，以为这人实在是过分没心没肺了。

如果将"鞋"读 hai 的区域大致梳理一下，就可以发现能

招致这样误会的范围非常广大，从南方的广东、广西、云南、贵州，到中部的四川、湖北、湖南，再到北方的陕西、甘肃和新疆，大片区域都把"鞋"说成 hai。不仅如此，甚至在越南的汉字音中，"鞋"也读作 hài。

类似的字还不仅仅是"鞋"一个。不难发现还有一个非常常用的字有极为相近的现象，全国很多地方的人把"街"说成"该"。这样的读音往北延伸的可能比"鞋"读 hai 还要远一些——其他方面和普通话都较为接近的东北方言，不少地方也会把"街"读成 gai。

如果用普通话的读音来看的话，xie 和 hai 简直看不出关联，难以想象这两者都是怎么变来的。但是假如听一听京剧，可能就能找到点门路。作为戏曲，由于唱段念白中间字的读音是师傅一代代教给徒弟的，往往会保留一些比口语中更古老的读音。在京剧里面，"鞋"念成 xiai，这也确实是清朝北京话的读音。甚至民国时期，北京人王璞的《国音京音对照表》里头，"鞋"还注了"ㄒㄧㄞ"和"ㄒㄧㄝ"两个音（分别相当于 xiai 和 xie），前者为"北京读书音"，后者为"俗音"。

这本颇为奇特的小书是民国时期短暂推广人造的"国音"为标准语的产物，其目标是让北京人能尽快学会当时的这种"普通话"。"国音"的推广前后不过数年时间，很快就被完全以北京方言为基础的新国语所取代，"国音"也就成了"老国音"。虽然老国音的推广并不成功，但是这本资料弥足珍贵，书中王璞作为出身北京地区的读书人，颇为完整地记录了当时北京读书人读书时的语音。

王璞记录北京读书人的书音的主要目的可能是，相对北京口语读音，读书人的书音更加接近老国音。由于读书音和戏曲一样，在一代代传承的时候比口语要讲究一些，北京读书人读书时的语音比民众的口语要更加保守、更加古老一些。

今天普通话的 x 其实是来自近古官话的 s 和 h 两个声母，在京剧等戏曲中，这两个来源仍然能够区分，也就是俗话说的"分尖团"。"鞋"的声母是来自 h 那一类的，在更加古的官话中，"鞋"的读音一度是 hiai。在元朝记录当时官话的《中原音韵》中，"鞋"就是这个读音。

但是不难发现，"鞋"当时的韵母 iai 是一个非常拗口的读音。在发音时，先要从舌位较高的 i 滑到舌位很低的 a，然后再滑回 i。这样一个回勾式的发音是相当容易变化的。在以北京话为代表的官话方言中，第一个 i 引发声母的腭化音变，从 h 变成了 x，所以在北京话中，"鞋"一度读成 xiai，这个读音仍然较好地保留在了北京读书音和京剧等戏曲中；但是在北京口语中，这个拗口的 xiai 后来就变成了 xie。

从 xiai 到 xie 的变化，在北京话至少是北京话的"正音"里非常晚近。我们甚至可以推定，迟至 19 世纪初期，北京话的"正音"鞋还是读 xiai，街还是读 jiai。这得多亏了一位生活在 18—19 世纪的学者——李汝珍。李汝珍就算在现在也是个不大不小的名人，当然，李汝珍在当代的名气并不来自他对音韵方面的研究，而是缘于他是《镜花缘》的作者。

在大约 20 岁时，李汝珍离开北京，跟随自己做官的哥哥李汝璜前往江苏海州板浦。作为京城来的少年，李汝珍初至板浦颇受欢迎，还得了个雅号"北平子"。后来他还娶了一位当地女子为妻。和同期许多类似著作一样，《李氏音鉴》的目的是给小孩学习音韵启蒙所用。而且李汝珍明确说这本书是"珍之所以著为此篇者，盖抒管见所及，浅显易晓，俾吾乡初学有志于斯者，借为入门之阶"，即这本书是给李汝珍的北京老乡们学习音韵所用。不过可能是考虑到了夫人以及不少朋友是海州人的情况，除了自己说的北京话以外，李汝珍还相当贴心地收录了一些南方的方音，称为"南音"，试图兼容海州话。

值得一提的是，在多年后，李汝珍创作小说《镜花缘》时，还虚构了一个"歧舌国"，这个"歧舌国"居然还有自己的语言，小说中还弄出了个"歧舌国"字母表。从表中可以分析出来，这个所谓的"歧舌国"的语言，其实就是李汝珍捏合了北京话和海州话生造出来的。

李汝珍的《李氏音鉴》差不多留下了北京话还拥有成套 iai 的最后记录。在这本书里，"街""鞋""界""楷""涯"等字的韵母都是 iai。仅仅几十年后，1867 年英国驻华外交官威妥玛的汉语教科书《语言自迩集》里，北京话的 iai 已经只剩了几个字，"楷"注为 ch'iai（相当于汉语拼音 qiai），"涯"注为 yai。

《语言自迩集》里"楷"保留 iai 韵母并不奇怪，别忘了民国初年的王璞读书的时候还有 iai，而"楷"在北京话里几乎就是个只有读书时才会出现的字。当下，xiai 这样的发音在官话区仍然广泛存在，譬如位于四川北部的南充、广元等地，虽然平时说话的时候把"鞋子"说成 hai 子，但是在读书的时候，就有 xiai 的读法。一些较为保守的河南地区的方言，如河南偃师、许昌、南阳、漯河等地,"鞋"也读为 xiai。山东地区更是大片大片能够分辨"鞋""协"或"街""结"的,譬如济南话里面,"鞋"读 /ɕiɛ/、"协"读 /ɕiə/,"街"读 /tɕiɛ/、"结"读 /tɕiə/。普通话 ai 韵母在济南普遍为 /ɛ/,因此济南话里读 /ɕiɛ/ 和 /tɕiɛ/,就相当于普通话里读 xiai 和 jiai 了。

　　iai 的花式演变差不多就是这样。不过这并没有解决一个根本问题,那就是 iai 的第一个 i 是怎么来的,为什么很多方言里根本就没有这个 i? 这个问题则和这批字在古汉语中的读音有关系。

天津的"双港"要读成"双 jiang"吗?

"Wei-hai-wei-chiang 威海卫港"

——中国地图，L500 系列，NJ51-10，威海卫，1954 年于美国出版

由于汉语诸方言同源，绝大部分方言都是中古汉语的后代，因此普通话里带 -i- 的字在大多数汉语方言中也都带 -i-。譬如"剑"，在普通话里读 jian，用国际音标写是 /tɕiɛn/，广州话读 /kim/，厦门话读 /kiam/，山东荣成话读 /cian/，上海话读 /tɕi/。虽然千变万化，但是总体而言，万变不离其宗，所有方言不论南北，都普遍有个 -i- 在里头。自然，这也是继承了中古汉语"剑" /kiem/ 的读音中的 -i-。

然而，如果再看看普通话里和"剑"只有声调区别的"监"，则在各方言中差别就大了，普通话里仍然是 /tɕiɛn/，广州话就读 /ka:m/，厦门话读 /kam/ 或 /kã/，山东荣成话读 /cian/，上海话则读 /kɛ/。可以看到，在南方的几种方言里面，"监"并没有 /i/。

类似的例子可以还有很多。豇豆是中国常见的蔬菜,普通话里,豇豆的标准读音是 jiang 豆,但是在很多地方的日常口语中都把豇豆读成类似"gang 豆"的读音。这个错读分布是如此广泛,以至于在许多拼音输入法里,输入 gangdou 仍然可以打出"豇豆"。"江"的情况如出一辙。我们可以找到很多豇豆读成"刚豆",长江读成"长刚"的方言,但是却绝少会见到有方言把"新疆"都读成"新刚","生姜"读成"生刚"。

也就是说,那些把"豇豆"叫"刚豆","长江"叫"长刚"的方言,并不是真的把普通话的 jiang 都读成 gang。如果我们看"刚、江、疆"这三个字,就会发现今天的方言,有的前两个字同音,和"疆"相区别,有的后两个字同音,和"刚"相区别。

大体而言,南方人发音"刚 = 江 ≠ 疆",北方人发音"刚 ≠ 江 = 疆"。以北方方言为基础的普通话这类字,总体而言也跟随北方主流。但是也有一个奇怪的案例"港"。

如果当下问一个北方人"香港"怎么说,他们十之八九会把"港"读成 gang。"港"的本义就是小河沟,因此在北方地区不少地名里面都有"港"。然而这些地名中的"港"在本地一般并不读 gang,而是读音和"讲"差不多。

譬如天津的"双港""汉沽港",在本地"港"读 jiang;保定易县的"白水港",当地也说 jiang;山东泰安的"上港""下港",潍坊的"港浃","港"在当地统统也都读 jiang。胶东海岸的"港"读音更加有意思,半岛尖端的荣成,"港"在"港西"(地名)中甚至读 /tsiaŋ/(类似汉语拼音 ziang)。这个读法应该颇具历史。荣成有座望桨寺,位于望桨山上,望桨山以能够望见千八港得名。望桨寺据传是宋仁宗时期敕赐名的望桨院，假使记载无误，则北宋时当地"港""桨"就应该同音了。

普通话的语音以北京方言为标准，但是"港"就偏偏是背离北京方言的一个例子。北京话"江""巷"作"䢛"等字都有介音。按理来说和北方许多地方一样，"港"也应该有 -i-，读 jiang。其实北京话确实有 jiang 的读音。北京虽然不靠海，但是在北京西面的山区有不少沟，很多叫某港或某港沟，这些"港"统统都说 jiang，如门头沟的"北港沟"和"南港沟"，房山的"东港"和"元港"，昌平的"流石港"。由于北京话口语里面连读吞音厉害，这些"港"有的也说成了"响"，如石景山的"白石港"本地人就说"白石响"。

"港"的 gang 音在北方话里散播普及非常晚。《语言自迩集》里"港"只有 jiang 的读音。而到了民国时期，来自南方的 gang 的读音已经愈传愈烈，此时在全国通行的官话里面 gang 已经占了优势。在《国音京音对照表》中，国音的"港"读 gang，并没有 jiang 的读音；但是京音的"港"则只有 jiang 的读音，而且 jiang 音没有注为"俗音"，证明北京人王璞尚没有把 gang 算成北京话，更别说算成北京话里的正音了，他心目中北京话里"港"就是应该说 jiang，和国语不同。直到 1954 年，美国出版的中国地图里，仍然有把"港"拼为 chiang 的现象（相当于汉语拼音 jiang）。可以说，"港"的 gang 音直到 20 世纪中期才被彻底扶正，也属近现代渗入国语的南方读音。

这样有的方言有个 -i-、有的方言没有，也不仅仅限于南方。在北方地区，除了"鞋"和"街"这两个字外，我们还可以找到一些类似的例子。譬如在西安话中,有"闲人"的说法,一般用来指游手好闲的混混,这里的"闲"可不读 xian,而是读han。但是没有哪个西安人会把普通话里和"闲"同音的"贤"说成 han。甘肃许多地方把"杏子"叫 heng 子,但是他们不会把"邢"读成 heng。

　　这个读音造成的问题甚至还引发了普通话里的读音争议。譬如"三更半夜""粳米""芥蓝"的读音都先后引发过争议。三次争议归根结底,都是有一帮人读带 -i- 的音,有一帮人读不带 -i- 的音造成的。按道理,普通话的语音标准是北京语音,但是要命的是北京语音这些字也不是整齐划一地带 -i-,甚至还会变来变去。"港"不需再述;《语言自迩集》里北京话的"楷"还是 qiai,今天要是谁在北京这样读,或者读成 qiai 在当代北京话的折合音 qie,只会被当成口音奇怪的外乡人。"芥"就反过来,产自南方的"芥蓝"本来直接按照南方音读 gai 蓝,甚至字典也一度这样规定,不过现今的北京人又重新读成了符合北京话演变规律的 jie。

　　逻辑上,如果我们承认现代的各汉语方言是从古代的汉语演变而成的,那么就只能推出一个结论——这些有的方言有 -i-、有的方言没有 -i- 的字是单独的一类。在古代它们和大多数方言都有 -i- 的字以及大多数方言都没有 -i- 的字读音都不一样。在后来的演变中,不同的方言走向了不同的方向。

陕西瓦窑堡、吴堡的"堡"
为什么读"bǔ"？

峭壮灵峰，创兴华宇。式开讲肆，用陈法侣。物置人多，利圆
三宝。庶几乎作善之祥，传名旷古。

——辽·李仲宣《盘山祐唐寺创建讲堂碑铭并序》（987 年）

俗之误谭，不可以证者何限……帽为慕，礼为里，保为补，
褒为逍，暴为步，触类甚多。

——唐·李匡义《资暇集》

音韵有四等，一等洪大，二等次大，三四皆细，而四尤细。

——清·江永《音学辨微》

今天北方许多地方地名里都带个"堡"字，但是这个看上
去平平无奇的"堡"字却是个不折不扣的读音雷区。如陕西吴
堡县，多少人一不当心就说成了吴"保"县；北京的十里堡，
却得读十里"铺"；至于乌鲁木齐的地窝堡机场，那又得读地窝

"补"机场了。

"堡"读 pu 音比较容易理解,这其实就是"铺"的一个俗写。"铺"本是古代驿站系统中的一环,每十里设置一铺,所以经常出现十里铺、二十里铺、三十里铺的地名。相应的,如果看到带"堡"的地名是整十里的,读"铺"大约不会错。更应该问的是,为什么古人会用"堡"作为"铺"的俗字?

读 bu 的呢,一般来源则是真正的"堡",多出现在一些村庄与集镇的地名中。这类居民点一般由于有军事需要,会设置成较为封闭的聚居形式,在敌人进攻时有利防守,这样的地方往往称作"堡"。从字源上来说,不难发现"堡"其实就是"保",只是加了土字底而已。

也就是说,与 pu 的读音不同,"堡"不管是读 bao 还是读 bu,本质上是一回事。甚至可以这么说,bu 是一种"堡"在北方的特殊读音而已,读 bu 的"堡"字地名高度集中在北方地区。反过来说,南方一模一样意思的"堡"往往就是读 bao。譬如贵州安顺的屯堡人,祖上是明朝由南京迁移到贵州的驻防军屯士兵,屯堡人居住的村落在各方面都充分考虑了军事防守。村中碉楼林立,一个村就是一座易守难攻的堡垒,也正是因为这个缘故他们才叫屯堡人。按说这个"堡"和北方部分村庄的"堡"来源是接近相同的,但是屯堡的"堡"仍然读 bao。

若按照从中古汉语演变到现代北方话的一般对应关系,"堡"读成 bu 可算得上是个特例,中古时代与"堡"同音的"保""宝"在北方地区并没有大规模读 bu 的现象。不过正如我们一再展现的,特殊的读音往往并不是某地人不当心把字读歪了，而是能找到久远的源头。

在今天天津蓟州的盘山有一块石碑，上书《盘山祐唐寺创建讲堂碑铭并序》，写作者为当年的蓟州军事判官李仲宣。中国古代勒石立碑的一大优良习惯是落款时会写明事件，所以我们能够得知这块碑立于统和五年四月八日，也就是公元987年。

这篇碑铭主要记录了盘山风光和祐唐寺的历史沿革。祐唐寺本是古寺，后因战乱被毁坏，后来在10世纪中叶先后重修佛殿、厨库、僧房和讲堂，大有复兴之势。和写诗时经常会按照遵循古旧的押韵原则不同，碑铭文字往往可以反映当时的语音，也就是公元10世纪后期辽朝河北地区的汉语。

在这篇韵文中，出现了"宇"和"侣"、"宝"和"古"押韵的现象。也就是说，在李仲宣说的方言里，"宝"有很大的可能读成了 /pu/，所以才能和其他几个字互相押韵。这个现象在辽朝的北方汉语中曾经相当规律。

自从石敬瑭把幽云十六州送给契丹之后，位于辽朝南境的幽云十六州一直有着非常重要的经济和文化价值。辽朝统治下的汉族人主要居住在十六州，十六州的人口也是以汉族为主，这十六州中最重要的城市当然是贵为辽朝南京析津府的幽州。

作为辽朝两大主要民族的语言，汉语和契丹语在辽朝都有重要地位。由于地理和政治原因，辽朝汉语以管辖的幽云十六州的汉语方言为主，并不会刻意模仿北宋中原汴洛地区的方言。这可能也是历史上第一次北京地区的方言取得较高的地位。

辽朝双语并行的现实给我们了解辽朝北京地区的汉语提供了很大的便利。辽朝契丹语的书写体系分大字和小字，两者的字形都是模仿汉字,但是书写原理则大不相同。大字是类似汉字的很大程度上表意的文字,小字则实质上是一种拼音文字。

由于汉文化的强大影响力,辽朝实际上最通行的文字仍然是汉文。为数不算很多的契丹语文档又被大小字分散,一定程度上导致了大字至今难以破解。不过小字则普遍出现于一些契丹人的墓志铭中。与敦煌的汉藏对音类似,碰上人名、官职名之类的专有名词时,汉字和契丹小字之间往往采取音译对应的方法,也因此我们可以通过契丹小字得知被记录的某个汉字的大致读音。由于"太保"这个常用搭配,我们可以获知契丹人是怎么用小字拼写出"保"的。在契丹小字拼写中,"保"和"步""部"的拼写相同(**丹及**),也就是说,当时的辽朝汉语"保"读 /pu/,今天北方地区"堡"读 bu(/pu/)正是来源于此。

这个读音的先声甚至可以追溯到更古老的时代。早在晚唐时期,北方话某些字的发音现象就已经为人所注意。李匡乂指出的"帽为慕,礼为里,保为补,褒为逋,暴为步"中四组,都是在说北方话中 /au/ 变成了 /u/。

稍加注意即可发现,这些字的声母都是唇音 /p/ 和 /m/。这类变化在北方一度分布很广泛,但是后来却因为沦为土音成功被逆转,只在一些特别常用的口语词中保留。地名中常用的"堡"算是一类,在山西和陕西则往往还存在在一些其他词汇中。譬如陕西人把小婴儿叫"毛犊娃",但是这里的"毛"读 mu;在韩城等地,甚至还有"抱娃"读"pu(/pʰu/)娃"的。

话虽如此,就算在辽朝,也不是现在普通话读 bao、pao、mao 的所有字在当时都能读 bu、pu、mu。同样在契丹小字中,也出现过"鲍叔牙"。"鲍"就拼成了**丹夬及**，和"保""步"比较，就可以发现拼写上有所差异。

如果你老家是东南沿海地区的，有很大概率会发现普通话读 ao 的字在老家方言里会有两个读音。以广州话为例，"鲍"是读 baau（/pa:u/）的，而"报"则读 bou（/pou/），"毛"读 mou（/mou/），"茅"则读 maau（/ma:u/）。在北方话里，那些唇音声母后面变 u 的字在广州话里都属于读 ou 的那一类，而不是读 aau 的那一类。这也并非是南方方言自古以来的专利，直到元代，北方话里也仍然保留这个区分。在元朝《中原音韵》中，"包"读成"褒"，"饱"读成"保"，"爆"读成"抱"，甚至仍然能算成需要特别注意的语病。

那么古人到底是怎么看待"堡"和"饱"的区别呢？为何"堡"变成了 bu，"饱"却不会呢？

幸运的是，我们并不需要纯粹猜测，古人留下的字典为我们提供了线索。在中古时期，"刚江疆""甘监兼""高交娇"这样的字每组中的三个确实都不同音，中古时代的中国人把这各组中的三个字分别称作一等字、二等字和三等字（或四等字）。"堡"是一等字，"饱"却是二等字，在中古时代，两个字并不同音。类似的，所有发生了 ao 到 u 变化的字，在中古时代统统属于一等字，相近的一些韵母则被归为某个"摄"。"堡"和"饱"都属于效摄，因此它们分别是效摄一等字和效摄二等字。

把汉字分成"等"是中国中古时代重要的语言学成果，称等韵学。等韵学的鼻祖是中古时期的神秘僧人守温，他将中国人对语音的研究向前推了一大步。可奇怪的是，如此重要的人物，其生平至今仍然雾霭重重。传统上认为守温是一个生活在唐朝末年到五代的僧人，乃中古汉语音韵研究的重要成果"守温三十六字母"的制订者。对守温的记述还出现在《宋史》，里面说僧守温是《清浊韵钤》一卷的作者，可惜这本书已经散佚。

虽然中古以来对沙门守温对音韵研究的贡献一直有着颇高的评价，不过长久以来，由于守温的原作并无流传，后世对守温本人的学术成果知之甚少。谁知到了 20 世纪，一个偶然的事件却使得世人有机会一窥守温等韵学的究竟。

1900 年，敦煌莫高窟道士王圆箓清理积沙时，无意间发现了一个千年前被敦煌先民匆匆封锁的洞窟。这个洞窟里除了精美的壁画和唐宣宗时期河西都僧统洪辩和尚的塑像外，还藏着数以万计的文献，因此被称作藏经洞。

藏经洞重现于世引发了各路势力的哄抢，其中法国汉学家伯希和收获颇丰。在伯希和窃走的几万份文档中居然出现了守温韵学的作品，即《守温韵学残卷》。《守温韵学残卷》自称是"南梁汉比丘守温述"，这短短几个字蕴含着丰富但也难解的信息。"南梁"到底指的是朝代还是某个地名？如果是地名又到底在何方？特意强调是"汉比丘"，这个"汉"是指守温的族属还是某个朝代的称呼？

由于守温生平资料实在太少，在新的文献出土之前，这位伟大的古代僧人、语言学家身上笼罩的谜团一时很难散开。如果按照之前学者考证的结果，守温应该生活在唐朝末年到五代时期，他可能是南梁人（今河南汝州附近）。中古时期，汉僧学佛需要研习梵语，胡僧来华需要学习汉语，又由于佛教吸收了大量古印度声明学的成果，甚为重视声音之学，许多中古时代中国语言的研究者都是和尚，守温正是其中尤其杰出者。

无论守温的生平如何，短短的残卷已经说明了守温明确把汉字的语音分析成为四个等级。残卷中可以看到"高交娇浇""旰谏建见""观关勤涓"的排列，这些汉字就分别是一等、二等、三等和四等。后世经常把四个等级的字填进一个表格里面，就是宋元时期常见的各类"韵图"。

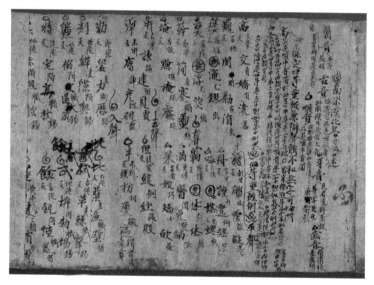

《守温韵学残卷》

至于一、二、三、四等到底有什么区别，清朝学者江永进行了简单扼要的总结。他认为："一等洪大，二等次大，三四皆细，而四尤细。"也就是说，一等开口比较大，二等小一些，三等更小一些，四等最小。

严格来说，江永的说法并不完全正确。等韵学是中古后期的产物，基于晚唐时期的汉语，但是汉语历史上最权威的《切韵》《广韵》系韵书是基于南北朝时期的汉语，两者相差好几百年。在这几百年间，汉语毫无疑问也发生了一些变化。譬如韵图中的四等字，不少在早期的中古汉语里并不是特别"细"，而只是以 /e/ 为元音罢了。不过对于现今中国大部分的方言来说，江永的总结尚属合用。

总的来说，一等字普遍都不带 -i-，三四等字都带 -i-。不管是"鞋""街""港"，还是"闲""杏"，这些出问题的都是二等字。准确地说，这些字都是二等字里面声母属于见组和影组的，也就是说在中古时期，这些字的声母是 /k/、/kʰ/、/h/、/ɦ/、/ʔ/等这些很靠后的辅音。除了见组和影组以外，其他声母的二等字在北方话里也大多并没有弄出 -i- 来。"饱"是二等字，在官话里多和一等字"保"完全同音，"班"是二等字，在多数官话里也和一等字"搬"没有区别。值得一提的是，元朝的《中原音韵》里不但把"饱""保"同音算作语病，而且还专门提了一句，书中"班"和"搬"也并不同音。可以肯定的是，这两个二等字即便在当时也没有 -i-。

另一些二等字也非常有特色。"沙"是二等字，"产"是二等字，"争"是二等字，"醮"也是二等字，"双"也是二等字，"啄"也是二等字，"柴"还是二等字。也就是说，除了在北方话里面搞出了 -i- 以外，二等字还和卷舌音有不小的关系。这批二等字集中出现在中古汉语的"知组"和"庄组"声母中。相应的，"端组"和"精组"声母（即 /t/、/tʰ/、/d/、/ts/、/tsʰ/、/dz/、/s/ 之类的声母）则基本没有二等字。

那么问题就来了，既跟卷舌有关系，又跟近现代北方话的 -i- 有关系，又不真的是 -i-，那么二等字究竟是何方神圣？如果追溯到久远的上古汉语时代，当时的二等字可能是带 -r- 的。这是因为二等字在形声字中往往和来母字有相当密切的关系。譬如"蓝"的声旁是二等字"监"，"庞"的声旁是"龙"，"隆"的声旁是"降"。上古来母读 r-，因此二等字在上古时期很有可能和 r 有一定关系。

少数二等字的 -r- 甚至可以找到一些和其他语言比较的证据，如二等字"江"，非常可能和越南语等南亚语系的语言中表示河流的一个词同源。今天的越南语把这个词说成 sông，sông 来自古代越南语的 krông。无论这个词是从南方语言引入汉语，还是这些东南亚的语言借用了汉语中的"江"，都说明当时的汉语"江"有可能有个 -r- 介音。"江"的声旁是"工"，此时"江"和"工"的语音相对接近，才会构成谐声关系。但是后来在 -r- 介音的影响下，"江"不但有了 -i-，元音也发生了很大变化。以今天普通话的读音来看，ong 和 iang 读音算不得多么像，充分展示了二等介音在历史上对汉语语音的强大影响。

正是因为 -r- 具有卷舌作用，在 -r- 的影响下，中古汉语出现了知组和庄组两组卷舌的声母。这些卷舌声母在上古时期本读 tr-、sr- 之类的音，在中古汉语中介音和基辅音融合形成了新的卷舌声母。

在很长的一段时间，二等字都维持了自身的独立地位。虽然中古时期 -r- 大概率已经发生了变化，但是它仍然在以某种方式影响着韵母的发音，使得中古时代的中国人把这些字都统统归为了一类——二等。

今天来看，在绝大部分汉语方言中，二等字已经不能完整地独立存在，多多少少存在和属于其他等的字相混淆的情况。不过在各地方言中，二等字混淆的方向和路径都有着一些不同之处，最鲜明的恐怕是南北之间的对比。在大多数北方话里面，二等字在见组和影组声母中往往有 -i- 介音。由于大多数汉语，尤其是北方话三等字也有 -i- 介音，二等的"江"和三等的"疆"就自然而然地混同。

反之，南方的汉语，尤其是东南地区的方言二等介音后来消失得无影无踪，二等字普遍没有 -i- 介音，因此二等的"江"就与同样无介音的一等字"刚"混同了。不过在南方地区，虽然二等介音已经消失，但是它留下的痕迹仍然对韵母的读音产生了不小的影响，导致很多情况下二等字的读音和相近的一等字产生了差异。

在苏州、上海、长沙、南昌这样长江流域大城市的方言中，"高"往往和"交"同音。然而在更南的许多方言中，这些字并不同音。譬如广州话，虽然"交"并没有像北方话那样带个 -i-，但是却读 gaau（/kaːu/），和读 gou（/kou/）的"高"读音不同；温州话则"交"读 /kuɔ/，"高"读 /kɜ/，也不同音；厦门话"高"读 ko，"交"读 kau（文读）或 ka（白读），仍然不同。现今大多数北方话不能区分的"饱""保"，在这类方言中也可以区分。而像"搬""班"或"肝""间"这样的一二等区别，在南方能够区分的范围还更加广大一些。

由于整体而言东南方言二等字并没有大范围的 -i-，上古的二等介音在这些方言中的演变就是直接脱落而已。这就让二等介音的问题焦点又回到了北方地区。北方话是什么时候开始，二等字有 -i- 呢？

张各庄、李各庄的"各"是怎么回事？

ༀ༎ཕུ་ཤི་མེང་ཧྭེའི་འགྱོག་ཀྱིས་བྲིས༎（phu shi meng hwe'i 'gyog kyis bris/ 副使孟怀玉书）

——归义军（北宋）·孟怀玉《金刚萨埵问答》

北京、天津、河北以及山东不少地方的村庄都叫姓氏＋各庄，如"张各庄""李各庄"等。如果对中国村庄命名方法比较熟悉，不难看出这些村庄早先应该都是某个姓的家族聚居的地方，也就相当于"×家庄"。

然而古怪的是这些村庄却叫"×各庄"。在一些南方地区由于表示"家"的词不同可能会出现一些北方人觉得较为奇怪的村名，如福建地区的"×厝"，这里的"厝"其实也是"家"的意思（本字可能是"处"或者"戍"）。然而"各"却并无"家"的意思。而且一些村庄还有写成"×戈庄"（如唐山乐亭王戈庄）、"×格庄"（如山东招远孟格庄）乃至"×葛庄"（如衡水武邑张葛庄）的。这些层出不穷的写法当然只是记个音而已，这个音的演变则和北方话里二等字的变化息息相关。

可以确定的是，唐朝的北方话二等字不大可能有 -r-，也没有 -i-。我们之所以能有这样的认识还得归功于藏文。

藏文创制于吐蕃时期。也正是从吐蕃时期开始，汉藏两大语言的交流愈加频繁，进而产生了大量的翻译需求及大批双语兼通的人才。

汉藏两门语言本就有较为密切的亲属关系，用来拼写吐蕃时期藏语语音的藏文在很多方面也很适合拼写汉文。尤其值得一提的是，吐蕃时期的藏语有相当丰富的 -r-，藏文正字法里面专门设置了 -r- 介音（ར་བཏགས/ra btags）。基于同样的原因，藏文也设置了 -y- 介音（ཡ་བཏགས/ya btags），两者在藏文中都是重要而常见的下加字。因此，理论上说，假如唐朝吐蕃人听到的汉语有 -r-/-y-，抑或学会了藏文的汉族人决定用藏文拼写自己的语音，要拼出 -r- 和 -i- 都不会是难事。

又因为吐蕃王朝的地理位置的缘故，吐蕃人主要接触的汉语方言是占领河西时期的河西方言以及和唐朝官府交往时接触到的长安方言。无论河西还是长安的方言，肯定都属于当时的北方话。其中一份尤为重要的早期记录来自公元 9 世纪上半叶：公元 821 年，唐穆宗长庆元年，唐和吐蕃在长安会盟；次年双方又在逻些（今拉萨）会盟；823 年，会盟内容被刻在石碑上，立于吐蕃都城逻些。

今天唐蕃会盟碑仍然屹立在拉萨市中心大昭寺门口。虽然经过了 1000 多年的沧桑岁月和风化，唐蕃会盟碑上的大部分内容仍然可以辨识。由于参与会盟的两方语言文字不同，碑文为汉藏双语对照，其中大多数文段是两种文字的互相意译。会盟碑结尾部分写了参与会盟的唐蕃双方重要官员的官职和名字,但是唐朝和吐蕃官制不同,很多官职并不对应,不利于意译,双方官员的名字自然就更不适合意译了,因此对官员姓名和官职,会盟碑主要采用了音译的方式,即唐朝官员的汉文官职和姓名在藏文版用藏文拼出发音,吐蕃官员的藏文官职和姓名在汉文版中则用合适的汉字音译。

在这份珍贵的文档里面,唐方官员太中大夫尚书右仆射兼吏部尚书李绛的名字被拼写为 ལི་ཀའང (li k'ang)。"绛"的拼写可称得上万分怪异,在表示 k 的 ཀ 下面加了 འ 字母,这个音在藏文中被称为"ཨ་ཆུང (即小 a)"。

小 a 的在藏文拼写中的作用相当复杂,除了表示 /h/ 外,还在藏文中用来表示各种各样不方便直接表示的音。在藏语本土的词汇中,小 a 从来不写在其他声母的下面,只有在外来词中才会这样做。在今天的藏语中,这样的写法一般指元音要变长。

"绛"正是一个二等字。无论如何,"绛"拼为 k'ang 表示在当时的藏族人听来,"绛"的读音并不是纯粹的 kang,也不像今天这样有个 -i- (那样的话藏文应该会拼写成 ཀྱང/kyang),而是有必要在 k 和 a 之间添加一个"小 a"。

不幸的是,这差不多是仅有的藏文中记录的疑似二等介音。在其他用藏文拼写汉语的文献记录中,二等介音大体是被忽略的。在敦煌出土的用藏文拼写的汉语曲子《游江乐》中,"江"拼为 ཀང (kang),相当平平无奇。同样在敦煌,曾经有两位孟姓汉人抄写了藏文佛经后用藏文签下了自己的名字,他们一位叫 མེང་ཧྭེའི་གྱོག (meng hwe'i gyog),另一位叫 མེང་ཧྭའི་ཀྱིམ (meng hwa'i kyim)。

"孟怀玉"与"孟怀金"

按照汉藏对音规律来看，这两位一位大概名叫"孟怀玉"，另一位大概名叫"孟怀金"，非常可能是亲兄弟或者堂兄弟，两人应该都对藏文有较好的掌握。假设推测无误的话，"孟"和"怀"都是二等字，但是一个拼成了 meng，一个拼成了 hwe'i 或 hwa'i。兄弟俩虽然对"怀"的元音到底应该写 e 还是 a 有些犹豫，但是都没有搞出诸如 mr、my、hr、hy 之类的拼写。

在诸多的藏文拼写汉语的记录中，都很难找到见组二等出现 -i- 的证据。"戒"在《大乘中宗见解》里出现了ཀྱེ（kye）、ཀེ（ke）两种写法，算是为数不多的案例之一。

然而从晚唐开始，情况起了变化。只是诡异的是，见组二等大规模出现 -i- 的先声最早并不是在北方地区，反倒是在南得不能再南的地方——越南。长期以来，越南一直受到北方中国文化的影响，唐时越南更是属于静海军节度使管辖，此时交州（在今天越南境内）等大城市大量居民掌握汉语。也就是在唐朝中晚期，越南语系统地借入了一整套汉语读音用来阅读汉文典籍，形成了所谓的汉越音。自此，几乎每个汉字都拥有一个越南式的读音。

有意思的是，越南汉字音的见组二等字出现了较成体系的 -i-。在越南语中，"高"读 cao，"交"读 giao，"娇"读 kiều，三者都不同音。而其他见组二等字，越南也往往有 -i-，如"家"

读为 gia，“甲”读为 giáp，“佳”读为 giai，“江”读为 giang，“减”读为 giảm，“敲”读为 xao，“确”读为 xac，“腔”读为 xoang。

以越南的地理位置，如果要引入汉语，近水楼台的应该是当时的南方方言。然而在见组二等字 -i- 方面，汉越音却出乎意料地更像今天的北方话。今天用拉丁字母拼写的越南国语字是葡萄牙传教士发明的，设计时参考了法语和葡萄牙语等西欧语言的拼读规则。越南国语字发明时，x- 表示 /ɕ/（约相当于汉语拼音 x），gi- 表示 /dʑ/（约相当于汉语拼音 j 的对应浊音，上海话“穷”的声母，接近英语的 j），简直和当代北方话里头的读音差不多。值得注意的是，越南汉越音见组二等字的腭化程度甚至要超过三等字，越南语中见组三等字的声母基本上仍然是 /k/ 之类的音，如“疆”读 cương，“劫”读 kiếp，“检”读 kiểm，和今天中国南方福建、广东等地的方言还是相当接近的。

不过汉越音中，见组二等字读 gi-、x- 的规律存在一类比较大的例外，例如“更”读 canh，“隔”读 cách，“客”读 khách，“坑”读 khanh。这些字都属于中古汉语的“梗摄”。这些字在唐朝以后还会继续给我们制造麻烦，我们可以暂时搁置这些在汉越音中读音特殊的字，转而继续关注北方汉语。

唐朝晚期虽然见组二等字的 -i- 介音算是被越南抢了第一波风头，但是此时北方地区的见组二等字的 -i- 已经呼之欲出了。至少在河北地区，很快也出现了明确的见组二等字的 -i-。

这一明确的证据来自辽朝的汉语。在契丹小字中，辽朝汉语的 -i- 已经暴露无遗：用来拼写“校”的契丹小字也用来拼写“庙”“小”。由于“庙”和“小”在辽代汉语几乎可以肯定

有 -i-，"校"也应该已经产生了 -i-。"校"属于中古的效摄二等字，其他摄的二等字出现 -i- 的，则远远没有效摄那么明显。"江"和"唐"甚至用一个契丹小字充当韵母，说明"江"当时还不大可能有 -i-。比较有意思的是，这似乎和朝鲜汉字音的格局有类似之处，朝鲜人名中经常出现的"孝"在朝鲜语中写作효（hyo），"校"写作교（gyo），但是除此之外，见组二等字在朝鲜汉字音中以无 -i- 较常见［不过梗摄也有"隔"读격（gyeok），"庚耕"读경（gyeong）这样的例子］。

如果说辽朝幽燕地区见组二等字的 -i- 还在萌芽状态，到了元朝则可说大局已定。元朝编纂的《蒙古字韵》以表音的八思巴文拼写汉语，在蒙古字韵记录的汉语里，见组二等字的 -i- 已经非常稳固。在《蒙古字韵》里，"江"被拼为 ꡂꡃ，"疆"被拼为 ꡂꡃ，两者的读音拼写一模一样，读音也毫无区别。

然而在《蒙古字韵》中，并不像后来的北方话那样"交"与"娇"、"减"与"检"同音。在蒙古字韵里"交"拼为 ꡂꡭ，"娇"拼为 ꡂꡭ，"减"拼为 ꡂꡏ，"检"拼为 ꡂꡏ。

这其中"减""检"语音不同并不稀奇。元朝时这两个字在当时的官话中元音有一定差别，"减"是 a，"检"则是 e。这样的区别在官话里一直承袭到明朝初年，甚至当今比较讲究的昆曲演唱时也仍然以 /tɕiam/、/tɕiɛm/ 的方式区分"减"和"检"。不过要是你听不到这样的昆曲，也不用着急，类似的区分至今仍然能在比较南方的官话中听到。譬如你若有幸能够"烟花三月下扬州"，不妨留意一下扬州方言，因为扬州话里"减"是 /tɕiæ̃/，"检"是 /tɕĩ/，分得相当清楚。要是生活半径完全在华北地区，也不用担心，素来在北方以语言保守难懂著称的山西在这方面也不遑多让，如吕梁话也以 /tɕiæ/、/tɕiɪ/ 的方式区分"减""检"。虽和扬州相隔千里，但是这两字在两地的发音几乎如出一辙。能区分"交""娇"的北方话更少一些，但也不是完全没有，能够区分的方言主要集中在山西，譬如汾阳话"交"/tɕiɑu/ 发音不同于"浇"/tɕiɯ/。

今天这些能分"减""检"的北方方言差不多都是靠元音来区分的。这和元朝北方话并不完全相同。如之前所说，八思巴字可是一种拼音文字，如果你足够注意八思巴文拼写的这几个汉字，不难发现每一组前后两个字的拼写区别主要在中间部分。

八思巴字的 ꡭ（"减"的中间部分）来自藏文的下加字 ꯧ，表示 -y-，而 ꡞ（"娇""检"的中间部分）则是来自藏文表示元音 e 的符号 ꯥ。ꡠ（"江""交"的中间部分）则更加特殊，源自藏文元音符号 ꯤ，这个元音符号在藏文中比较罕见，通常在拼写印度梵语词时才会用到，用来转写来自梵语的长元音 ē。在另外一些八思巴字书写汉语的文献里，"江""交"里的 ꡠ 也有拼为 ꡭ 的。总的说来，当时这些二等字的发音带有相当明显的 -i-，程度甚至超过三等字。

这几乎和越南人的听感一致，他们听起来二等字比三等字的腭化程度也要更高。那么既然唐末的越南人和元朝的北方人都是这么认为的，今天的汉语方言中还会留下这样的痕迹吗？

首先我们得要排除大部分南方方言，在多数南方方言中，见组二等字没有 -i-，也谈不上有腭化的迹象。我们也得排除大部分北方方言，在绝大多数北方话里，元朝以后二等字变出来

的 -i- 和本来的三等字的 -i- 已经完全合并，二等字的状况和三等字差不多。

不过要是仔细筛查，如元朝北方那样二等字腭化得更厉害的蛛丝马迹在北方一些地区仍然有所保留。今天这样的蛛丝马迹一般出现在交通稍显不便的地区，正是较为封闭的环境。

其中最重要的两片区域应该当数山西南部和胶东半岛。

在大多数北方话里，见组声母一直到明朝初年仍然是 /k/、/kʰ/。这也就是为何明朝前来中国的传教士把"北京"记成了 Peking，把"南京"记成了 Nanking。

山西东南部地区仍然很大程度上保留了元明北方话的见组声母读音。在这些地方，见组声母在细音前腭化的程度比较低，发音位置只是比 /k/ 的舌根稍微前移一些，变成了 /c/、/cʰ/，所以"京"听起来仍然很接近汉语拼音的 ging。

然而在这些方言中，却有一部分见组二等字在口语中出现了比二等字更加明显的腭化。譬如在山西壶关县的树掌镇，二等的"铰"就读 /tɕiɔ/，"嫁"读 /tɕiɑ/，"拣"读 /tɕiŋ/，三等的"矫"读 /ciɔ/，"检"读 /cin/，腭化程度要轻得多。而如果二等字出现在了相对书面一点的场合，也往往就不读这种腭化明显的读音。如玉米在当地叫玉荬，这里的"荬"读 /tɕiɔ/，表示高粱的荬子里的"荬"就读 /ciɔ/。

胶东半岛的情况则如出一辙。胶东地区的方言普遍能分尖团音，也就是能够较为完整地区分中古汉语的精组字和见组字，特别是在胶东半岛顶端的荣成等地，见组字的腭化程度相当低。然而在荣成话里头，见组二等字的读音却比较出乎意料，如在

口语中"家"说 /tsia/,"下"说 /sia/,"街"说 /tsei/,"港"说
/tsiaŋ/,"敲"说 /tsʰiau/,"角"说 /tsia/,已经从中古时代舌根部
位的 /k/ 腭化前移到了舌尖部位的 /ts/。这些字如果出现在比较书
面的词语中,荣成话都读 /c/、/cʰ/、/ç/,只是有轻微的腭化。

这种腭化的读音在山西西南部地区则往往有进一步的变化。
在山西西南部的万荣县,"家"读 /tʂa/,"交"读 /tʂau/,"敲"
读 /tʂʰau/,"碱"读 /tʂæ/,"豇"读 /tʂʌŋ/,见组二等字读卷舌
音。在离万荣不算远的洪洞县,则会有"家"读 /tia/、"交"读
/tiao/ 的情况。

也就是说,在山西南部和胶东半岛上的这些方言,一定程
度上继承了元朝《蒙古字韵》里面的情况。在元朝时,二等字
出现的 -i- 比三等字从中古时代继承来的 -i- 拥有更加强大的腭化
能力,以至于在这些方言中早早造成了见组声母的腭化,就如
汉越音那样。在当时的北方地区,这样的读音分布可能比今天
更加广泛。

不幸的是,这个音变在后来被打断了。在主流的北方方言
中,二等字的介音和三等字的介音最终趋于合并,二等字并未
提前腭化。这种北方主流的读音逐渐覆盖了见组二等字提前腭
化的方言,让它们的腭化读音成为只在口语中部分词存活的白
读音,书音则跟随了北方主流。因此这样的腭化读音往往越是
交通死角才保存得越好。

无论如何,元朝以后,对于绝大部分北方话而言,大部分
见组二等字已经有了 -i- 介音。然而即便在北方话里,也有一部
分字并没有出现 -i-。"鞋""街"在不少官话里面都读成了 hai、

gai，这和它们早期的韵母有关，毕竟 iai 是个很难发的音，发生变化很常见，在许多官话方言里，iai 中的第二个 i 比较强势，直接把第一个 i 挤掉了，缺少了第一个 i，声母也自然不腭化了。而在南方许多地方，二等字从来就没有过 -i，所以"鞋""街"一直都是 hai、gai，南北各方言一结合，"鞋""街"读成 hai、gai 的人口也就相当多了。

不过，就算在地道的北方话里，二等的 -i- 也不是那么稳当。北京所属的河北地区是二等 -i- 介音彻底的地方，即便在河北地区，一些轻读的环境中，这个 -i- 也最终没变出来。在华北北部的"X各庄"中所谓的"各"其实就是二等字"家"没有 -i- 介音的情况下变化的结果。比较可能是因为在"某家庄"的地名里面，"家"本来就读轻声，-i- 或是没能出现，或是还没站稳脚跟就消失了。

"家"终究只是个例外情况。但是在另一些字里面，各路北方方言的二等字就变化更多了。

北方说的"来 qiě 了"是什么意思?

粳稻,是我国南方主要农作物之一。其"粳"字到底应该怎么读?水稻专家、中国科学院院士、华中农业大学张启发教授提出,"粳"字的正确读音应为"gěng",而不是"jīng"。他的呼吁引发水稻科学界及相关学者的热烈回应,现已有来自全国 14 个省、3 个直辖市近 200 名专家表示支持,其中中国工程院、中国科学院院士 12 人。由中国工程院院士袁隆平、游修龄等 185 位专家共同签名起草了《关于修订粳(gěng)字读音的建议书》,准备向国家语言文字工作委员会和中国社会科学院语言研究所及商务印书馆呈报。

——《光明日报》,2011 年

委鬼当头坐,茄花遍地生。

——明万历末年·某道士

明朝万历末年,北京的集市上出现了一个奇怪的道士,他唱了一首神秘的歌曲:"委鬼当头坐,茄花遍地生。"这首歌被收进了《明史》。对于万历年间的北京市民来说,这首神神鬼鬼的歌神秘莫测，少有人能够参得其中奥妙。

后来的史书上这个奇怪的道士再也没有出现，他当然也不大可能继续出现。因为万历皇帝驾崩之后，继任的明光宗在位一个月就因为"红丸案"暴毙，随后著名的木匠皇帝天启皇帝即位。天启皇帝在位期间，朝政长期由宦官魏忠贤和奶妈客氏把持。此时京城百姓才恍然大悟，原来之前道士说的"委鬼"就是魏忠贤，而"茄花"则是客氏。

如果按照普通话的读音，简直难以理解为什么会把客氏谐音为"茄"。这倒是可以从客氏的来历说起。客氏本是河北定兴一个普通的村妇，后来因为成了皇孙的乳母，皇孙最后又当了皇帝，客氏随即一步登天。天启皇帝对客氏有近乎不正常的依赖，因此客氏也借此狐假虎威尽享荣华富贵。不过她并非善类，与魏忠贤勾结残害忠良，被称作妖妇。

《明史》编纂者可能也是觉得"客"和"茄"谐音对当时许多人也难以理解，因此也做了简明的解释，即："北人读客为楷，茄又转音。"在明朝晚期，"楷"的读音大约接近拼音 kiai，"茄"的读音接近 kie，所以对于当时的北方人来说，"客"可以读成 kiai，这个算正音，但是有些人有些地方语音演变比较快，就已经读成或者至少很像 ie 了，这才给道士编谐声预言提供了极大的便利。

有意思的是，在河北、北京、东北一带，虽然今天问"客"怎么读，得到的答案十之八九是 kè，但是要问一下家里来客人了怎么说，很有可能得到"来 qiě 了"的答案。

非但如此，这些地方甚至还会把"隔"读成 jiè。北京话把

"隔壁"叫 jiè bìr，这个口语中的读音和一般北京人读书时"隔"的书音实在差太远，好多北京人都反应不过来这是什么字，就写成了"借壁儿"。

那么问题来了，为什么口语中可以说 jie、qie，一到念书的时候就得念 ge、ke 呢？更加有意思的是，这个 jie、qie 的读音分布相当狭窄，大体只在北京、东北、河北、山西、山东地区，这其中东北地区的汉语是近代从华北北部地区扩散过去的，本就是一家。也就是说，这个现象实际上是局限于华北地区北部和东部地区。

长江流域的官话则普遍不存在这个现象，这些方言里面"客""隔"的读音普遍和普通话较为接近，譬如南京话"客"读 /kʰəʔ/，"隔"读 /kəʔ/，成都话"客"读 /kʰe/，"隔"读 /ke/。就这两个字而言，不但是南方的官话少有读 ie 的，中原和西北地区的各路官话方言也少有这样的读法。

以"客"为例，"客"字在关中的口语中非常常见，关中人往往把从事某类行业的人称作"某客"。譬如以刈麦为业的称"麦客"；旧时关中土匪横行，悍匪们则称作"刀客"。这些各路"客"在西安话中都读 /kʰei/。中原大地则以河南郑州为例，郑州也说"来客"，但是此处的客可是读 /kʰɛ/。

"客""隔"都属于中古汉语的梗摄字，更准确地说，是梗摄的入声。而梗摄的平声、上声、去声字也同样不让人省心。见组梗摄二等字的舒声字，如"耕""羹""更""坑"在北京和河北地区有韵母为 ing 的读音，如北京人就把"耕地"叫"jīng 地"。

更加好玩的是，这些字也是普通话里多音字的重灾区。如果说"隔壁儿""来客了"多少有点北方土话的意思，不一定能算得上字正腔圆的普通话的话，那么如"更"这类字，则在大多数字典里面都收了多个读音，而且和一般的多音字不一样，这类多音字的几个读音意义区分不是那么明确，会出现难以适从的情况。

譬如"更"，半夜三更、五更天、打更、更新、更加，你分别怎么读？这可能并没有你想的那么简单，不是简单地翻查字典就能解决的。因为不同时期不同版本的字典，对这几个词的处理并不完全一致，甚至造成了普通话审音时的问题。

按道理，普通话的读音以北京人的语音为准，但是这类字往往北京人说话时也有些举棋不定，故而造就了普通话审音时的一点小麻烦。类似的字还有，比如"粳米"，这是一种糯性适中的稻米，也是许多南方人和东北人的主粮。但是这样一种几亿人赖以维生的重要农作物，怎么读却是个问题。如果要论普通话理论上的正音，至少长期以来是 jīng。但是这个读音却遭遇了水稻专家们的反对。他们曾经于 2011 年联名专门撰文要求把"粳"的普通话读音改掉，因为专家们都把这个字读成 gěng 米，参与者中甚至包括"中国杂交水稻之父"袁隆平院士。国家语言文字委员会也一定程度上采纳了他们的意见，2019 年的《普通话异读字审音表》里面已经把"粳米"的读音改成了 gēng（jīng 的声调，gěng 的声韵）米，各路权威字典也将会跟进。

这个事情虽然有点诡异，倒也不是完全没有道理。由于中国主粮作物地理分布的关系，多数水稻方面的专家是南方人，对于他们来说 gēng 的读音恐怕是会比 jīng 要更亲切一些。对于粳米为主食的多数人群来说也是如此。但是为什么偏偏是这类字会惹出争议？

对于普通话来说，大多数涉及 ing、eng 的字并不会有这样的交互现象。大概从来没有人要求把“京”读成 gēng，更不会有人要求把“登”读成 dīng。但是这批字为什么会有“捣乱”的？为什么异读会有如此强大的群众基础？

可能并非巧合的是，在北方话中，梗摄二等字平、上、去声的 -i- 分布范围也相对狭窄，当今在北方地区之类字带 -i- 的范围，也主要是在包括北京在内的河北、山东和山西地区。而在南方和西北地区的官话中，这批字就如入声的“隔”“客”那样并没有出现 -i-，这些方言里面“更”“耕”“羹”一般不会出现北京话那样的 ing、eng 两个读音。

由于元朝以来北京话的强大影响，有些在其他官话里面本不该有 -i- 的梗摄二等字也出现了 -i-。譬如“鹦”，甚至在相对受北方影响较小的广州话都读 jing/jɪŋ/，中原、西北和江淮地区也少有 eng 的读音。但在长江中上游的成都等地，拜口语中的“鹦哥”一词所赐，仍然有不带 -i- 的读法，譬如成都话就说 ngen/ŋən/ 哥。和“鹦”情况相似的则是“樱”，成都话也依然把“樱桃”读成 ngen 桃。“硬”读成 eng 的范围就要广一些，虽然西北地区普遍是读 ing 的，但是在中原、江淮、西南则大把地方读 eng，譬如郑州话，“硬气”就说 eng/əŋ/ 气。“杏”读 heng 分布则最广，不但在长江流域、中原地区有，就连西北地区也以读 heng 为主，甚至连远在新疆的乌鲁木齐话都是

heng/xəŋ/。这无疑与杏子这种水果的地理分布有关。作为中国，尤其是北方地区自古以来的重要水果，从上古时期就和中国人的生活结缘的杏在中国种植极广，遍及南北，果蔬种类相对匮乏的西北地区杏更是不可或缺。因此中国各地的普罗大众在日常生活中都经常能接触到杏，杏也就经常在大众之间口口相传，相对来说更能保存本地固有的读音。

梗摄字的特殊甚至不仅仅体现在汉语各方言中。前面已经提到，在汉越音中，见组二等字大规模地出现了 -i-，奇怪的是唯独梗摄字是重大的例外。见组梗摄二等字在越南语中并没有出现 -i-，更没有引发声母的腭化。这大概是由于梗摄字的元音在北方的汉语中曾经是 /ɛ/，和梗摄二等其他字的元音多为 /a/ 不同，因此只在部分方言引发了 -i- 介音。

普通话的基础北京方言本属于会有 -i- 的河北方言，但是长期以来，北京地区的方言一直受到从南方来的各路读书人的影响。就梗摄二等字的读音而言，不但长江流域以及更南边的方言很少有 -i-，甚至中原和西北地区的方言也多不带 -i-。这些在北京活动的外地人到了北京固然是得撇几句京腔，但是对北京话的掌握也未必很地道，甚至他们由于占据了较为优势的社会经济地位，反倒有时能让北京人反过来学习他们说的方言。

在梗摄二等字读音方面，显然"正宗辽朝河北音"在人口方面落了绝对下风。因此梗摄二等大部分字，如"梗、更、耿、耕、羹、庚、哽、坑、亨、衡、格、隔、革、隔、客、赫"，都出现了 eng、e 这样不带 -i- 的读音，甚至其中许多主要出现在书面语的字已经丧失了北京地区理论上应该读的 ing、ie 读音。

而在其他见组和二等韵的搭配里，多数北方话都以有 -i- 为常。但是在"江、港、豇、觉、角、壳、确、学"所属的江摄，长江流域的南系官话也往往存在没有 -i- 的读音，所以在成都话里，"角"读 /ko/（接近汉语拼音 go），"壳"读 /kʰo/，西南地区常见的黄桷树，则因为"桷"在当地多读 /ko/ 也时常讹写为"黄果树"，中国最大瀑布黄果树瀑布的地名也正是这个来历。这些字的南方读音有时也会渗入北京话，只是相对梗摄并没有那么系统，所以在北京话里面"壳"的两个读音 ké 和 qiào 的分配略有些奇特：来自南方的 ké 攫取了口语的地位，反倒是河北本土的读音 qiào 变成了用在"地壳""金蝉脱壳"这样文绉绉的词汇中的读音。

最后还有个值得一提的问题，那就是 20 世纪早期著名的大学者陈寅恪先生的名字该怎么读。长期以来，就"恪"字的读音，一直有 kè、què 两个读法。这本不是个大问题。"恪"其实根本就不是二等字，而是一等字，就算在北方，于情于理都不应该出现 què 这样的读音。和"恪"在中古时期同组声母也同韵的"各、鹤、恶"等字都未出现有 e、üe 两个读音的情况。

陈寅恪先生祖籍江西，出生于长沙。先生在用英文写信和撰写论文时自己把名字拼为 Tschen Yin Koh。无论从他祖籍还是出生地来看，"恪"都不应该读 què。但是明朝西方传教士的汉语教科书《西儒耳目资》中"恪"却有了 'kŏ、'kio 两个读音，后者就是 què 的前身。按照北京话的读音规律，出现 kè、què 的大约是江摄二等字如"确、壳"才算合理，后者在北方不少地方也确实有两个读音，如西安话，"壳"有 /kʰɤ/ 和 /tɕʰyɤ/ 两读。至于本来是一等字的"恪"怎么会出现这样的读法，就不得而知了。

　　总之，无论读陈寅 kè 还是陈寅 què 都有道理，都是于古有征，所以大可不必过分纠结。

声调

老外说汉语最大的障碍

是不是记住 12431，就可以普通话转河南话了？

广东话的声调为什么比普通话多出一倍？

"六安"为什么会念作"lù 安"？

是不是记住 12431，
就可以普通话转河南话了？

秦陇则去声为入，梁益则平声似去。

——隋·陆法言《切韵·序》

有个笑话，说是如果你想五秒钟之内学会河南话，就得记住一串神秘的数字 12431，意思是普通话第 1 声读成第 2 声，第 2 声读成第 4 声，第 4 声读成第 3 声，第 3 声读成第 1 声，这样你就成功学会了河南话。

这样的"声调密码"在北方乃至长江中上游地区的方言中，还可以编出不少。譬如想说关中话，大概可以 1 → 3 → 4 → 1，2 声保持不变；要是想说四川话，就试试 1 声保持不变，2 → 3 → 4 → 2。

尽管我们已经谈论了很多各地方音的不同，但是我们每一个人的成长经验都会告诉我们，要判断一个人是从哪来的，我们很多时候还是根据他说话的声调来判断。调子怎么走，很多时候比其他特征的优先级要高得多。譬如我们仍然可以长篇累牍地讨论，其实普通话和河南话之间的关系远远不是 12431 那么简单，要想说河南话，你最好还得记住河南人把"龙"说成 liong，把"精"说成 zing，把"药"说成 yo，把"你们"叫"恁"，等等。

但是这无所谓，就算你对以上特征都一无所知，只要牢牢记住 12431 的规律，说话时勤加练习，对于很多人来说，说话就带了河南味。甚至北方地区一些年轻人由于受到普通话的影响，在说方言时，声母、韵母都跟着普通话跑，但是声调则仍然是当地方言的声调，被谑称为是在说"变调普通话"。尽管遭遇如此揶揄，外人听来这样的"变调普通话"仍然方言感十足。

对于汉语诸方言来说，其他特征出现的频率远远没有那么高，你并不会每次对话都会提到"龙"，也几乎不可能次次都谈"药"，但是只要开口说几十个字，每个声调基本都会出现好几次，这样对于不大熟悉的外乡人来说，声调就成了最容易把握的特征。

当今汉语各方言，尽管声调格局千奇百怪，但在有声调这一点上还是惊人地统一，没有声调的语言听起来就不像是汉语。声调也是一般人心目中的"老外"学说汉语时最大的障碍，甚至在我们的影视作品里面，如果要表现机器人说话的不自然感，往往也会让机器人说一口不带声调的汉语。

任何一种自然语言在说话时都会有音高上的高低起伏，譬如英语在一般疑问句（例："Are you from China?"）时，句尾往往上扬。然而这和汉语式的声调仍然有着极大的区别。汉语的声调依附在单个音节上，普通话中"梯""蹄""体""剃"四个字仅靠声调区别含义，如果音高起伏出现了错误，就可能会产生误解。反之，英语的"tea"，无论是读成平调、上扬、下降还是转折，都不会影响这个词的本来意思。

汉语的声调并不是绝对的音高差别。我们每个人说话的时候都有高低之分，男人说话比女人要低沉一些，小孩的音高明显要高于成年人。因此对于声调来说，重要的并不是发音时的绝对音高，而是相对个体发音音域的相对音高，以及音高的变化趋势和一些其他的伴随特征。我们的大脑非常擅长处理这样的信息。我们可以把这种相对的音高用 1–5 来表示，数字越大音高越高，所以普通话第 1 声就是 55 调，第 2 声是 35 调，第 3 声是 213 调，第 4 声是 51 调。

东亚南部和东南亚地区可以说是声调的温床。中国的语言当中不少我们耳熟能详的都有声调，除了汉语之外，东南的畲语，中南的苗语、侗语，西南的壮语、傣语、纳西语、彝语、哈尼语，藏语的卫藏话和康巴话，都是有声调的语言。东南亚的越南语、泰语、老挝语、缅甸语也都有声调系统。

这些语言分属不同的语系，很多并没有很近的发生学上的关系，却都不约而同地产生了声调。可以说，中国当之无愧是声调的温床，我们甚至能在中国的语言里观察到声调从形成到发展的变化。藏语在藏文初创时尚没有声调，今天青海的藏语大多仍然没有声调，拉萨话则发展出了相对复杂的声调系统。

与藏语的声调在各方言间的发展极不平衡不同，近乎所有的汉语方言都处于声调发展完善的阶段，而且各地方言的声调存在非常严整的对应关系。普通话到河南话的"12431"规律之所以能够成立就在于这样的对应关系，即分布于北方和西南的大部分方言，其绝大多数字的声调都是吻合的——单个字的调子在某个方言里面怎么读虽然千差万别，但是哪些字声调相同却是对应的。在绝大多数北方话和西南地区的方言中，"坡""波""三""聪""初""歌"的声调是一样的，在普通话当中，这个调子又高又平。东北人说话的时候就往往低一些，这也是为什么尽管东北人的方言相当接近普通话，但他们一开口却有很高识别度的重要原因；而在关中话里，这些字的声调比较低，还往下降，有些接近普通话的第 3 声；在河南话中，正如"12431"中所预测，这些字读一个上扬的声调，接近普通话的第 2 声。这些都是具体调值方面的差别，在调类上，这些字在这些方言里都属于一个声调——阴平；反之，普通话里读第 2 声的"河"，在这几种方言中，声调都和"三"是不一样的，"河"在这些方言里面都属于另一个声调——阳平。阴平、阳平这两个声调合称为平声。

普通话中还有另外两个声调，第 3 声称作上声，第 4 声称作去声。这四个声调也是北方话中比较常见的格局。在汉语韵律中，上声和去声都属于仄声。平仄之间的和谐交替是汉语诗歌的基础。

然而这样的规律对应并不是没有例外的。譬如"木"，在普通话里面属于去声，但是在河南话和关中话里面都属于阴平，在四川话里又属于阳平；"职"在普通话里是阳平，在东北话里往往是上声，在关中话和河南话里都是阴平，在四川话里又是阳平；"百"在普通话里是上声，在关中话、河南话里都是阴平，在四川话里又是阳平；"特"在普通话里是去声，在关中话、四川话里是阳平，在河南话里又是阴平。这些看似随机的例外，都严重破坏了各北方方言"12431"式的声调对应。

　　要是把其他方言拉进来，声调的对应关系会更加趋于混乱。刚才的"木""职""百"三个字虽然在主流四川话如成都话里读阳平，和"阳"的声调相同，但在川南的乐山、西昌、宜宾、自贡等地的声调和"阴""阳""上""去"四个字的声调都不同，而是读另外一个声调。这些字在长江下游的南京、扬州等地读一个单独的更加短促的声调，在山西大部分地区也是读一个短促的特殊声调。

广东话的声调为什么比普通话多出一倍？

又恨怨之"恨"则在去声，很戾之"很"则在上声。又言辩之"辩"则在上声，冠弁之"弁"则在去声。又舅甥之"舅"则在上声，故旧之"旧"则在去声。又皓白之"皓"则在上声，号令之"号"则在去声。

——唐·李涪《刊误》

整体而言，汉语方言的声调由西北向东南逐渐变多，华南地区的方言普遍拥有更加丰富的声调，如"诗时史市试事"，广州话虽然都读 si，但是声调个个不同。与普通话相比，普通话的阴平、阳平、上声各对应广州话的一个声调，而去声竟然对应了广州话里"市试事"三个不同的声调。

要想解决各地方言之间声调貌似不规则的对应，得从汉语声调的发展说开去。如果拿处于声调发展进程中的藏语的不同方言来对比，会发现声调比较发达的方言，如拉萨话，一般其他方面的语音会趋于简化。譬如藏文的 བཀའ（bka'/ 命令）拉萨话读 /ka⁵⁴/，ཀ་བ（ka ba/ 柱）拉萨话读 /ka:⁵⁵/，བཀག（bkag/ 拒）拉

萨话读 /kaʔ⁵²/，ᨂ（sga/ 鞍）拉萨话读 /ka¹²/，ᨂᨂᨂ（bsgar/ 插）拉萨话读 /ka:¹¹³/，ᨂᨂᨂᨂ（'gags/ 阻）拉萨话读 /kaʔ¹³²/。ᨂᨂ（khang/房）、ᨂᨂᨂ（khangs/ 填充）、ᨂᨂ（gang/ 何）、ᨂᨂᨂ（gangs/ 雪）拉萨话分别读 /kʰaŋ⁵⁵/、/kʰaŋ⁵²/、/kʰaŋ¹¹³/、/kʰaŋ¹³²/。

　　和古代的藏文相比，拉萨话的声母和韵尾都发生了非常明显的简化。许多古代读音不同的声母和韵母在当代拉萨话里读音趋同，却发生了声调分化，譬如本来声母的清浊转化为声调的高低。

　　今天海南三亚的回辉人祖先是从越南中部逃到海南岛避祸的占人。越南的占语是一种接近马来语的语言，本来并没有声调。然而本无声调的越南占语，在迁入海南三亚以后，在几百年间竟然发展出了声调。

　　这样的声调的出现，主要是为了代偿其他方面的语音变化。如占语本来有相当复杂的韵尾系统，如 -h、-k、-t 等，但是这些韵尾在海南回辉语中消亡殆尽，只是产生了不同的声调。越南占语中本来有 b、d、g 和 p、t、k 的清浊对立，b、d、g 在回辉语中已经转化成了 pʰ、tʰ、kʰ。但是原本 b、d、g 开头的音节读一个较低的声调，和本来的高调形成对立，与拉萨话类似，这是发音机制使然：浊音会生理性地降低音高。

　　汉语各方言的声调也经历了类似的发展完善过程。目前对于声调最早的记载出现在南北朝的梁武帝时期。虽然距今 1000 多年，但是彼时中国已经经历了夏、商、周、秦、汉几千年的漫长岁月，典籍汗牛充栋，甚至有专门描述各地方言的著作，但是并没有人说上古各地方言声调上像今天一样有所不同。

这让人颇为疑惑，难道数千年时间里就没有一个中国人发现自己语言中有声调之分吗？

这一方面是因为，上古时代声调和现代或许大不相同。汉语的祖先并不一定有声调，汉藏语系语音面貌比较古老的几门语言，如古代藏文、川西的嘉戎语等语言，都没有声调。通过和它们进行比较研究，可以发现汉语的声调和这些语言中的其他语音特征，如韵尾辅音，存在一定联系。从原始汉藏语到现代汉语，各方言可能也像古藏文发展到拉萨话一样，经历了声调由少到多逐渐发展完善的过程。假如上古汉语还不具备声调，古人自然也就不会"发现"声调了。

另一方面是因为，在声调产生之后，发现声调仍然需要时间。可以想一下，普通话有多少个声母、韵母、声调？今天我们不用费多少力就能知道声母有23个，韵母有39个，声调有4个。但是我们是怎么知道的呢？大部分人是通过查字典知道的，编写字典的语言学家早已给我们做好了总结。然而事实上，总结一种语言的语音系统并不是一件容易的差事，哪怕到了今天也是有相当难度的，如果不信的话，不妨试着总结一下自己的方言有多少个声母、韵母和声调？这样的分析仍然需要一定的语言学知识。

南北朝声调的发现可能和受到古印度声明学的启发有关。与古代中国不同，古代印度虽然也是一个文明古国，却没有中国一般深厚的书面典籍传统。古印度并不缺乏典籍，《吠陀经》差不多是世界已知最早的作品之一。但是和中国人笃信好记性不如烂笔头，喜欢把东西都写下来不同，印度人的典籍的传承，则采取了更加原始、古老的方法 —— 背。

印度的经书和史诗动辄几万行甚至几十万行，要想背下来绝非易事。首先得要寻找合适的人选，论死记硬背，幼童比成人更加擅长，因此八岁左右的男童是最优人选。同时在指导他背诵过程中，还需要大量辅助记忆的技巧和手段，确保等他成年以后，能够成为一台优秀的人肉录音机，并能完整传承到下一代。

古代印度极端重视口语传承，又因为印度流行的各类宗教都盛行念诵咒语，咒语是否能奏效，是否有足够威力，很大程度上取决于念咒时语音是否准确；因此古印度对语言的研究远远领先于古代中国，还诞生了一门专门的科学 —— 声明学。

东汉以来，佛教传入中国，到了南北朝时期佛教大盛。由于佛教源自印度，在宗教教义之外，印度文明的其他成果也以佛教为介质一并被中华文明吸收，其中声明学就是重要的一部分。在印度声明学传入之后，中国人吸收了其中的研究成果，反切注音法出现。反切法需要比较切字与被切字的声调，此时汉语的声调已经产生，发现声调也就是顺理成章的事情了。

严格来说，梵语并没有类似汉语这般的声调。梵语的所谓声调并不是在一个音节之内的高低起伏变化，而是一个词当中各音节会有高低之分，后来这种"声调"演变成了重音系统。这和汉语的声调截然不同，汉语的声调不但每个音节有高低变化，而且在一个音节内音高也会有高低起伏。因此声调的发现和总结仍然是中国古人的一大成果。这在当时可能是一个相当前沿的发现，甚至惊动了皇帝。

南北朝时期，梁朝沈约著《四声谱》，正式提出了汉语有四个声调。此时梁武帝不懂"四声"这个概念到底是怎么回事，因此就问臣下周舍："何谓四声？"此时声调作为最新科研成果还少有人能够理解。周舍反应极其迅速，他回答，四声就是"天子圣哲"。梁武帝对声调的兴趣转瞬即逝。尽管周舍逮着机会拍了马屁，但是梁武帝后来对这个大发现并不关心。

巧合的是，"天子圣哲"四个字在今天的普通话中恰恰也分属四个声调。但是"天子圣哲"四个字分别是第 1 声、第 3 声、第 4 声和第 2 声，出现了较为奇特的颠倒现象。如果要看北方话里面的其他方言，那么"哲"的问题就更大了，它在关中河南读阴平调。事实上，"哲"正是属于那类会捣乱的字，在川南、宁淮、山西都读独立的"第 5 声"。

其实"天子圣哲"并没有发生顺序颠倒的情况，这四个字分别是平声、上声、去声和入声，这四个声调也是中古时代声调的默认顺序。在当今大部分北方话里面入声派入了其他声调，但是不同的北方方言派入的声调不同，这才造成了北方规律声调对应中的那些例外情况。

不幸的是，相比我们对古代汉语声母和韵母的了解，我们对这个时代的古汉语平、上、去三声到底应该怎么读并无扎实的证据。这是可以理解的，发明准确描述音高的工具和术语并不是一件容易的事。我们比较确定的是，就算在南北朝后期，各地方言的声调也和今天一样并不完全一致，当时的人已经可以从声调怎么读来判断一个人的来历了。隋朝成书的《切韵》的序言中就提到"梁益则平声似去"。此时汉中盆地和四川盆地说话时的平声，在中原地区的人听起来颇为接近去声，显然两地声调具体的调值是有较为明显的不同的。

　　今天汉语方言的声调格局都是由古代的四声演变过来的。不管声调是多是少，其源头都是平、上、去、入四声，因此汉语各方言的声调也以平、上、去、入四声为命名的基础。而"阴阳"则是唐朝以来声调根据清浊分裂以后产生的。

　　我们可以从反切中看出，普通话的阴平和阳平在中古早期其实被古人认为是一个声调。中国古代对字的注音长期采用的反切法是将一个字的读音用另两个字标注，用来注音的两个字，第一个字和被注音字的声母相同，第二个字与被注音字的韵母及声调相同。一个字的读音会被"切开"，故名反切。

　　在《广韵》中，给"东"的注音是"德红切"。在今天，几乎所有方言中，"德"的声母和"东"的声母仍然是一致的，"东"的韵母和"红"的韵母也是一致的，完美符合反切定义。然而"东"的声调和"红"的声调在大多数方言中都并不一样。

　　在普通话中，"东"属于第 1 声，"红"则属于第 2 声。如果按照普通话来硬切，"东"的读音用拼音标注就成了 dóng，这显然并不符合事实。

　　难道古人搞错了？并非如此，在反切出现的时候，"东"和"红"的声调确实是一致的，它们都属于平声字。实际上，今天普通话的声调，第 1 声叫"阴平"，第 2 声叫"阳平"，两个声调的名字正能体现它们之间的深厚渊源。

　　问题其实出在了"红"的声母上。"红"在中古时代的声母是"匣"母，这是一个浊音声母。浊音对音节的音高有生理性的压低作用，因此本来一个声调根据声母是清是浊就逐渐分化成了两个声调。这种分化在声调语言中非常普遍，前面说的拉萨话、回辉话以及壮语、泰语等语言都发生了类似的声母清浊引发的调类分化。这样汉语的声调就由平、上、去、入四声，一下裂变为阴平、阳平、阴上、阳上、阴去、阳去、阴入、阳入。

这时汉语可以说已经是一门四声八调的语言了。不过在浊音声母还读浊音的时候，阴阳声调之分只是个羡余特征。但是正如你已经知道的那样，在绝大部分汉语方言中，浊音声母都发生了清化，与清音声母就此合并。当声母上的区别完全消失后，曾经的清浊之分就只能完全转嫁到声调上了，本来只是伴随声母清浊的阴阳调之分就成了具有区分作用的声调区别。失去了声母清浊的制约以后，四声里的阴阳两类也不一定再遵循平行关系。

在平、上、去、入四声里，中古时代入声比较特殊，因为它不仅仅是个单纯的声调，整个音节的结构也和其他三声有明显的不同。我们可以暂且把入声放在一边，只关心平、上、去三个声调，以及它们分化而成的阴平、阳平、阴上、阳上、阴去、阳去六个声调。

今天的大部分汉语方言都发生过声调上的合并，但是在南方的一些方言中，这六个声调依然较为完好地保存了下来。如广州话的"诗时史市试事"就分别是阴平（53）、阳平（21）、阴上（35）、阳上（13）、阴去（33）、阳去（22）调。广州话不但相当完整地保留了中古的声调系统，同声的阴阳调之间甚至还基本保持了平行的关系，这类方言在今天的华夏大地已经非常少见了。除了广州话之外，广东潮汕地区，浙江的温州、绍兴，江苏的宜兴、溧阳，以及苏州、无锡、常州的部分郊区方言是所剩不多维持原状的方言。

在中国域外，深受汉语影响的越南语也完整保留了这样的声调系统。越南语的声调和汉语的声调在中古时代几乎是平行演变，也和汉语一样构成了四声八调的格局。中古时代以后的越南语声调则相对稳定，特别是读汉字时也仍然是四声八调，并未发生汉语很多方言中后来出现的声调归并，但在某些现代方言，如其最大城市胡志明市的方言中，声调也有了合并的现象。

广州话刨除入声还有六个声调，今天大部分的北方方言是四个声调，也就是说比广州话少了两个。通过和广州话的声调相比，不难发现问题是出在"去声"上，即北方话的去声对应广州话的阳上、阴去、阳去三个声调。

首先需要关注的是阳上调。事实上，四声命名时，"平、上、去、入"四个字恰好也都属于各自代表的声调。然而今天，不需要多深厚的语言学知识大概就能看出，"上、去"两个声调的代表字在普通话里都属于去声。这是因为在中国大部分方言里，古代的阳上和阳去发生了合并。

阳上并入阳去早在唐朝就有端倪。晚唐李涪曾经转写了《刊误》，他认为当时最权威的韵书——由隋朝陆法言编纂的《切韵》其实是吴音，所以非常"乖舛"。李涪甚至开了一个非常大的地图炮，他说："夫吴民之言，如病瘿风而噤，每启其口，则语泪喝呐。随声下笔，竟不自悟。"大致意思是，江南吴人说话就像张不开嘴、说不出话一样。陆法言根据吴语撰写《切韵》竟然没有丝毫觉悟自己是在写歪音。

李涪指出《切韵》里把"很辩舅皓"归入上声，"恨弁旧号"归入去声是根据吴音强生分别。这其实是个天大的误会。李涪觉得《切韵》是吴音很大程度上是因为陆法言的姓氏，然而陆法言虽然姓陆，但是这个陆姓和江南的大姓陆氏其实没有半点关系。陆法言的祖上是鲜卑步六孤氏，随北魏孝文帝改汉姓为陆。他是个地地道道的北方人，不是南方人，更谈不上把"吴音"编进书里了。李涪指出的《切韵》中的上去错误，其实是从陆法言生活的时代到他生活的时代，三百年间北方话发生了浊上归入去声的音变，但是江南地区语音更加保守，浊上仍然读上声。李涪并没有语音会随着时代发展变化的意识，所以主要生活在长安并推崇洛阳音的李涪，就误会几百年前的《切韵》音是吴地作者的吴音了。

对汉语声调的这一变化，日本人留下了相当有意思的记录。日语是没有声调的语言，因此日本人学习汉语时需要花费一定精力学习声调，有个学习汉语的日本人就留下了中古时代极其少见的对调子的详细描写。这个重要的描述来自 9 世纪的日本僧人安然，他在《悉昙藏》中记录了当时日本所传的汉语声调：

> 我日本国元传二音。表则平声直低，有轻有重；上声直昂，有轻无重；去声稍引，无轻无重；入声径止，无内无外；平中怒声，与重无别；上中重音，与去不分。

金则声势低昂与表不殊，但以上声之重稍似相合，平声轻重始重终轻呼之为异；唇舌之间，亦有差升。

承和之末，正法师来。初习洛阳，中听太原，终学长安，声势太奇。四声之中，各有轻重。平有轻重，轻亦轻重，轻之重者金怒声也；上有轻重，轻似相合金声平轻、上轻，始平终上呼之；重似金声上重，不突呼之；去有轻重，重长轻短；入有轻重，重低轻昂。

元庆之初，聪法师来。久住长安，委搜进士，亦游南北，熟知风音。四声皆有轻重著力。平入轻重，同正和上；上声之轻，似正和上上声之重；上声之重，似正和上平轻之重；平轻之重，金怒声也，但呼著力为今别也。去之轻重，似自上重，但以角引为去声也。音响之终，妙有轻重，直止为轻，稍昂为重。此中著力，亦怒声也。

略显遗憾的是，安然和尚的描写并不是那么好懂，有些语句甚至接近于玄学，不过大体上可以看出，安然描写了当时日本四种流行的汉语声调系统。安然是日本历史上重要的佛教僧人，年轻时也曾一度欲往唐朝留学，甚至已经获得政府批准，不知何故没能成行。此后安然遍访日本各名僧，传得在唐朝留学过的著名的圆仁、圆珍、空海等高僧之法脉，对日本各处所传汉语读音甚为了解。

安然和尚的描述中把日本所传声调一共分为四脉，即表、金、正、聪。其中“表”可能是袁晋卿之“袁”的误写。袁晋卿是公元 735 年东渡日本的唐人，抵达日本以后在日本担任传授汉语正音的"音博士"。"金"则可能是新罗人。"正""聪"
二人都是日本法师，正法师是惟正，838年随圆仁赴唐，九年
后归国；聪法师则是智聪，跟随圆珍赴唐，853年从福州上岸，
877年回到日本。聪法师回国所传的声调一定迅速对安然产生了
影响，因为仅仅三年后的880年，安然就撰写了《悉昙藏》，其
中还提到了聪法师。

虽然安然所用的术语颇为复杂，但是大体可以看出，所谓
"轻重"就是对应的阴阳调。四人所传的汉语声调系统略有不
同。"表"的声调系统中非常明确，"上中重音，与去不分"，阳
上已经合并进入去声。其他几位所传的声调系统中，虽然"上
重"可能与其他声调有所接近，但都未与去声合并。"表"虽然
到日本时间比较早，声调体系却变化相对较快。

如果"表"确实是日本音博士袁晋卿的话，那他所传的汉
语无疑是北方话演变的先声。时代比他稍晚的大诗人白居易的
《琵琶行》里面，出现了"住、部、妒、数、污、度、故、妇、
去"押韵的文段。其中"部""妇"二字在《切韵》中都是上
声。白居易幼年生活在河南新郑、荥阳一带，成年后长期在长
安与洛阳活动，是不折不扣的中原人士。他的押韵习惯说明此
时中原浊上归去已经颇为普遍。

宋朝以来，北方绝大部分地区的阳上和去声都混而不分，
所以从中古到现代普通话的声调变化还剩下一个问题，那就是
北方话是否曾经区分阴阳去。如果认为安然和尚的记录完全正
确的话，那么"表"的发音中，去声并没有分化出阴阳两个调，
加上浊上归去，刨除入声，"表"的声调体系和现代北方话已经

基本一致。

　　表面来看，既然"表"去声不分阴阳，现代北方方言去声也不分阴阳，似乎可以认为中古北方话声母清浊导致的阴阳分调对去声没有产生足够的作用。元朝以来北方地区的韵书中去声也确实不像南方很多方言一样分为阴去和阳去，但在山西东南部以及河北部分地区，仍然存在区分阴去和阳去的痕迹。如山西长治的老年人说话能分阴去、阳去，"冻"读 /toŋ⁴⁴/，"动"读 /toŋ⁵³/。河北昌黎、无极地区，天津宁河以及山东烟台下属部分区县，阴去、阳去也没有完全合并。河北保定一带的方言虽然单独念字不分阴阳去，但是如果是两个字连一起，后字读轻声，前面的字如果是去声，阴阳去的读法就会不一样，"冻着"和"动着"的读音就会有所区别。甚至北京人说话经常把"在"读成第 3 声，可能也是北京话历史上的阳去的痕迹。

　　南方的官话曾经分阴阳去就更加明显了。1893 年香港出版了一本法国传教士编写的四川话字典《华西官话汉法词典》（ *Dictionnaire Chinois-Français de la Langue Mandarine Parlée dans l'Ouest de la Chine* ），记录的是四川地区的方言。作者没有署名，不过号称是在四川生活多年的传教士与本地传教士合作编写。这本书虽然是 19 世纪末出版的，但是法国背景的巴黎外方传教会早在 17 世纪末就开始在四川活动，因此可能继承了一些更老的拼写。

　　这本书本身对四川话声调的描写是分阴平、阳平、上声、去声、入声五个声调。但是书里提到其他作者可能会把上、去、入三声也各分阴阳，其中上声、入声的阴阳区分是比较困难的，而书中第 4 调（去声）的一些词稍加注意还是比较容易区分的。书中宣称，如果找一个发音清楚的中国人，阴阳去之间的区别还是比较明显的。书中把阴调称作 ton haut（高调），阳调称为 ton bas（低调），例词则包括富 / 父、四 / 事、半 / 办、贵 / 跪、恕 / 树。可以看出在字典实际编写时，四川话的阴去和阳去正在合并进程中，有人分、有人不分，因此字典正文标音时并不区分阴阳去，只是提了一句有人能分。

当然，值得注意的是，就算阴阳去已经合并，当时的四川话声调还是比今天的成都话多一个，这个第 5 调就是入声。

— indique le 1ᵉʳ ton: *Ma, la, cha.*

∧　　 … 　　 le 2ᵉ　—：*Má, lâ, chê.*

＼　　 … 　　 le 3ᵉ　—：*Mà, là, choùi.*

／　　 … 　　 le 4ᵉ　—：*Má, lá, chá.*

∪　　 … 　　 le 5ᵉ　—：*Mǎ, lǎ, chǔ.*

《华西官话汉法词典》声调标注描述

"六安"为什么会念作"lù安"？

城中语音，好于他郡，盖初皆汴人，扈宋南渡，遂家焉。故至今与汴音颇相似，如呼玉为玉（音御），呼一撒为一（音倚）撒，呼百零香为百（音摆）零香，兹皆汴音也。唯江干人言语躁动，为杭人之旧音。教谕张杰尝戏曰："高宗南渡，止带得一百（音摆）字过来。"亦是谓也。审方音者不可不知。

——明·郎瑛《七修类稿》

北京说话独遗入声韵。

——清·顺治帝（爱新觉罗·福临）

六安本是安徽中部一座普普通通的城市，但是近些年，六安却屡屡被卷入奇怪的风波，那就是这个地名到底应该怎么读。

长期以来，六安和可能名气稍逊的南京六合一直是普通话读音的老大难问题，以至于各种字典都会出现不同的处理方法。有的就统读为"liù"，有的则专门给这两个地名设置了"lù"的读音。这个读音争议甚至导致新闻播报时读了其中一个音，总有另一个音的支持者认为读错了。

一般情况下，这两个音中"liù"被认为是"普通话的音"，"lù"则被认为是吸纳了"当地读音"。这就带来一个问题：

"吸纳方言读音"在中国地名的普通话发音中并不是常态。中国各地语音不同，绝大部分地名本地的叫法都和普通话有些许不同，却向来没人要求把"广州"读成 gongzao，把"厦门"读成 yemeng，把"福州"读成 hujiu，把"成都"读成 cendu，这样类似当地方言的读音。安徽六安和南京六合，何德何能享受到如此特殊的待遇，用了"当地读音"？

更蹊跷的是，若真论六安话和南京话中"六"的读音，南京话"六"读 /luʔ⁵/，六安话的"六"读 /lueʔ⁴/（六安话另有 /liɯ⁵¹/ 一读），这两种方言都是有入声的方言，而且入声都读一个又高又短的声调。普通话里并无入声，如果一定要用普通话的声调模拟六安话或者南京话"六"的读音，大概用第 1 声阴平是相对来说比较像的，可是吸纳的"当地读音"却反倒读了第 4 声——去声。且不要说六安话的"六"还有个滑音，实在要用普通话模仿，搞不好读"luō"才算接近一些。

六安和六合也并非地名蹊跷读音的孤例。部分河北的地名也往往拥有一些和普通话里较为通行的读音相左的读法，譬如河北"乐亭"读为 lào 亭，"获鹿"叫 huái 鹿。汉语中的多音字并不少见，大多数多音字不同的读音都有着较为明显的意义差别。但是在这些地名中，这样的特殊读音却似乎并没有带来什么意义上的区别。此处的"乐"和"获"同读 lè 的"乐"或者读 huò 的"获"，并无明显的意思差别。

　　事实上，更多的地名曾经也有过诸如"六安"的特殊读音，如广西"百色"，在几十年前的字典里曾经标音为 bó 色，我国台湾地区使用的"国语"中，"李白"还叫李 bó。

　　我们可以暂时跳出地名的窠臼，这样的奇怪现象并不仅仅出现在地名之中。在中国方言较为统一的北方和西南地区，往往有一类字捉摸不定，在各个地方拥有不同读音：北京人说把橘子皮 /pau/（剥）了，但是西安人就说 /puɤ/ 了，青岛人又说 /pa/ 了；北京人说一 /pai/（百）两 /pai/，西安人说一 /pei/ 两 /pei/，郑州的 /pɛ/ 和成都的 /pe/ 则比较类似。有些人在网上卖萌会故意把"脚"写成 jio，成都话的 /tɕio/，西安话的 /tɕyɤ/，河南的 /tɕyo/ 以及山东很多地方的 /tɕyə/，大概可以解释为什么这个网络流行语有如此广大的群众基础。

　　反之，一些东北和河北的老人还会把"学"说成 xiáo——在一百多年前，"学"的这个读音也曾经在北京广泛使用。同样，世代居住在京城的老北京可能会把北京著名的药店"鹤年堂"说成"háo 年堂"，如果你是相声的忠实听众，大概也曾经听到过相声把"仙鹤"说成"仙 háo"。

　　哪怕是普通话内部，我们也能找到不少奇怪的例子。"陆"表示数字"六"的大写，但是普通话的"陆"和"六"却是不同音的；绿林好汉的"绿"虽然来源就是树林的颜色，可却读了一个有些奇怪的读音。更不要说有些捉摸不定、让人不胜其烦的多音字。

　　"早上削了个苹果，剥了个橘子，然后开始了被老板剥削的一天。"

"晚上在超市里有选择困难，好不容易挑了点菜回家择。"

"晚上没干什么，吃了个鸡蛋，蛋壳特别难碎。又看了会关于地壳运动的书。"

"刚才玩了会色子，才发现1的那面点是红色的。"

对许多说惯普通话的人来说，这样的语句可以脱口而出。细细思忖一下，却不难发现其中的蹊跷之处，为什么我们的祖先要给中国话制造这样的麻烦呢？

不过这样的麻烦对于很多中国人来说或许并不存在——无论你是成都人还是西安人，上海人还是广州人，南京人还是济南人，如果你说当地方言的口音足够道地，没有受到普通话用语习惯的过多影响，有很大概率会发现，当你在说方言时，并不会遇到普通话里面同一个字相近的意思却要在两个读音中选择的问题。你的方言里"削""剥""择""壳""色"很有可能只有一个读音，而不会像普通话一样，根据语境不同会有两种不同的读音。

普通话的这个现象并非无根之萍。普通话中，这些字两个读音虽然意思上极为接近，却有些语用上的分工，每个字的一个读音用在口语常见的词里头，另外一个读音则一般和一些文绉绉的词绑定。而这些字还有个共同点，就是它们都属于入声字。

入声堪称汉语中最神秘的声调。中古以来，汉语以拥有"平、上、去、入"四声著称。今天的普通话也有四声，分别是阴平、阳平、上声、去声。和古代的"平、上、去、入"相比，平、上、去三声仍然存在，但是入声消失得无影无踪，无怪乎顺治皇帝特意说"北京说话独遗入声韵"了。

21世纪的各地方言中，没有入声的可不止北京一家。大体而言，北方（除山西）和西南地区的方言都没有入声，东南和山西地区的方言则多保留入声。而在没有入声的方言中，原本的入声去向千奇百怪：西南地区比较常见的是入声并入阳平；中原地区则根据古代声母不同，清音和次浊音（鼻音、边音、近音）进阴平，全浊音进阳平；普通话则派入其他四个声调，规律难以捉摸。

入声的消亡由来已久。明朝郎瑛是杭州人，他所谓的"好于他郡"的"城中语音"指的就是杭州话。朗瑛的例子中，明朝的杭州话把"百"说成"摆"，"一"说成"倚"，"玉"说成"御"，三个入声字都变成了其他声调；位于杭州城外的江干则说话还是"杭人旧音"，入声还是老老实实地读入声。虽然郎瑛所述靖康南渡时高宗随扈的汴洛音入声丧失，当地杭人听来觉得好笑的笑话未必完全可靠，但是推断他生活的明代杭州话入声发生了变化应当没什么问题。

于是我们就要问：神秘的入声到底是什么？它为什么那么容易消失？又为什么能在不同的方言里引发不同的变化？

如果你会说广州话，那么可以说你已经自动掌握了古代汉语的入声发音。广州话的入声韵尾仍然完整维持了中古时代的格局，除了零星几个字以外，中古汉语的入声尾在广州话中得到了非常完整的保留。中古汉语的"湿""失""式"分别收在 -p、-t、-k，在今天的广州话中，这三个字分别读 sap、sat、 sik，仍然完整保留了中古汉语的分别。

对于大部分生活在北方的中国人来说，方言中一个音节一般只能以 -n 或者 -ng 结尾，以 -p、-t、-k 结尾可能算是闻所未闻。但是其实今天对大部分稍微学过一点英语的中国人来说，这样的音节算不得多奇怪。英语中 sap（汁）、sat（坐）、sick（病）就分别以这三个尾巴结尾。可能与广州话稍有不同的是，英语的 sap、sat、sick 发音时 -p、-t、-k 除阻，即最后爆破的概率要大一些。

类似广州话这样的塞音韵尾在汉藏语中是非常古老的存在，较早诞生书写系统的汉藏语基本都有塞音尾存在的证据。以数字为例，汉语的"一六七八十"都为塞声收尾，其中"六八"在中古汉语（以及广州话）中分别收在 -k 和 -t，在藏文里"六"拼写为 དྲུག（drug）和 བརྒྱད（brgyad），不但也以塞音收尾，甚至和汉语的韵尾都对得上。汉藏语系的另一种古老拼音文字缅甸文的"六"拼为 ခြောက်（hkrauk），"八"为 ရှစ်（hrac），也同样由塞音结尾。此外一些其他汉藏语中的古老词汇，如"虱""节""杀"也都有塞音尾的存在，这几个字在藏文中分别拼作 ཤིག（shig）、ཚིགས（tshigs）和 གསོད（gsod）。

中古时期，随着"四声概念"的建立，中国人终于给这类 -p、-t、-k 收尾的音节起了一个专门的名字——入声。命名为入声，大概是因为这类音节发音短促，听起来略有"吸入"的感觉。而且"入"字本身也读入声，是一个 -p 尾的字，在广州话里读 jap。巧合的是，"入"这个动词也是汉藏语系古老的同源词，藏文的 ནུབ་པ（nub pa）意思为"沉没、消失"，并引申为西方（日落）。

　　严格来说，中古的"四声"并不是像现代普通话四声一般，都是以音高等特征区分的声调。虽然平、上、去三声接近纯粹的声调，但是入声则是单独的一类，中古汉语的入声以且仅以 -p、-t、-k 结尾。所有以 -p、-t、-k 结尾的字都属于入声，同样，入声包括的所有字都以 -p、-t、-k 结尾。为了能够把入声归入四声之中，古代的中国语言学家把入声字和对应的鼻音尾的平、上、去声对应起来。如"东、董、送、屋"四个字凑成平、上、去、入一组，前三者中古时代是 /uŋ/ 的三个不同声调，最后一个则是 /uk/。

　　中古汉语的四声体系在东亚范围内相当常见，许多与汉语并没有很密切的亲属关系的语言，如壮语、傣语、侗语、越南语在长期和汉语的接触下发生了趋同演变，都形成了元音和鼻音收尾的音节分三类声调，塞音收尾音节只成一类的格局。在这些语言中，中古汉语的入声借词也理所当然地用本语言的"入声"对应。如泰语的数词借自汉语，泰语里"一、六、七、八、十"分别为 เอ็ด（et）、หก（hok）、เจ็ด（cet）、แปด（paet）、สิบ（sip），完整地继承了中古汉语的韵尾体系，与广州话 jat、luk、cat、baat、sap，越南汉字音 nhất、lục、thất、bát、thập 的韵尾相同。

　　此外，虽然日语、朝鲜语并无汉语式样的声调，但是两者大规模引入汉字读音时，汉语中的入声韵尾仍然相当坚挺，因此两者也都保留了汉语入声的尾巴，"一、六、七、八、十"在日语中分别读いち（ichi，吴音）/ いつ（itsu，汉音）、ろく（roku，

吴音）/ りく（riku，汉音）、しち（shichi，吴音）/ しつ（shitsu，汉音）、はち（hachi，吴音）/ はつ（hatsu，汉音）、じゅう（jū，吴音）/ しゅう（shū，汉音）。日语由于历史上多次从汉语引入读音，所以其中的汉字往往会有多种读音，吴音是其在南北朝时期从江南引入的读音，汉音则是其在唐朝时从长安引入的读音，无论吴音还是汉音，都保留有中古汉语的入声韵尾［日语的ち历史上读 ti，つ历史上读 tu，"十"历史上吴音是じふ（zifu），汉音是しふ（sifu），ふ更早读（pu）］。朝鲜语中"一、六、七、八、十"的汉字音则分别是일（il）、륙（ryuk）、칠（chil）、팔（pal）、십（sip），除了中古汉语的韵尾 -t 用 -l 表示外，和中古汉语也相当一致。

然而朝鲜语的读音却透露出汉语入声韵尾变化的先声。朝鲜语本土词汇完全可以用 -t 来结尾。理论上说，当朝鲜引进汉字读音时，如果"一、七、八"确实是 -t 收尾，那么朝鲜语完全可以用 -t 来对应，而现实则是朝鲜语选择了用 -l 来对应。

朝鲜人并非不知朝鲜汉字音的这个特点有些古怪，甚至参与发明朝鲜文的著名朝鲜学者申叔舟就在《东国正韵》的序言中提道："质、勿诸韵，宜以端母（ㄷ）为终声，而俗用来母（ㄹ），其声徐缓，不宜入声，此四声之变也。"也就是说，生活在 15 世纪中期的申叔舟清楚地知道朝鲜汉字音的 -l 韵尾应该是 -t 韵尾，甚至他还颇为遗憾 -l 发音徐缓，并不能有如 -t 般的顿塞感，不够"入声"。

从中唐以后诸如汉藏对音、汉回鹘对音等证据看，可能朝鲜人学习到的北方汉语中 -t 韵尾确实已经发生了变化。中唐以后，至少在北方，汉语的入声韵尾已经逐渐在发生弱化，其中 -t 尾的弱化尤其明显，如回鹘文中把汉语的"佛僧"拼为 bursang，"乙"拼为 ir，"惚"在敦煌出土文献中则有用藏文拼为 ཁྭར（khwar）的。在随后的一千多年时间中，中国大部分方言入声韵尾继续弱化，最终在大部分中国人口中消失。

在今天的中国方言中，如广州话这般完整保留中古汉语入声韵尾格局的可以说少之又少。除了广州话和其他一些粤语方言外，闽南和海南部分地区也可以说是入声韵尾保存的佼佼者，其他地方则多多少少有些混淆。在许多方言中，入声韵尾的混淆和鼻音韵尾的混淆几乎是同步的。今天的上海话、苏州话都不分前后鼻音，同样入声也合并到仅剩一个喉塞 /ʔ/ 音，在这类方言中，入声最大的特点就是比较短，听起来比较急促，江浙人说普通话也往往带有这样的入声。这种入声同样分布在江淮、山西、陕北、内蒙古和西南的一些地区。潮汕地区的方言在百多年间，原本的 -n 合并进入 -ng，原本的 -t 也合并进入 -k；梅州的客家话则 ing 变成了 in，ik 变成了 it；江西不少地方则出现了 -p 混入 -t 的现象。而湖南许多保留入声的方言，如长沙话，入声在韵母上已经完全和其他声调没有差别，只是拥有独立的声调而已。

在北方地区，大规模的入声混淆在唐朝已经初露端倪，到了宋朝则颇具规模。

邵雍是北宋有名的数学家、道士，一生追求羽化登仙。关于邵雍的出生地至今仍然有所争议，有说他生于今天的河南林州的，也有说他其实是范阳人，也就是来自今天的河北涿州的。

无论他祖籍和出生地到底在哪里，邵雍后来都长期在洛阳生活。他精通《周易》，创作了《皇极经世》，这大致是阐述易学原理的一本书，书中有《声音唱和图》，简单说是把语音收录进易学理论体系的一张图。

和中古早期传统上入声与鼻韵尾字凑成四个一组不同，《声音唱和图》里的入声不少跟元音结尾的字相配，譬如"妻子四日（-t）"凑成平上去入一组，"衰〇帅骨（-t）"凑成一组，"龟水贵北（-k）"凑成一组，"牛斗奏六（-k）"凑成一组，"刀早孝岳（-k）"凑成一组。在邵雍搞出的这套体系中，本来的入声的 -t、-k 已经弱化到不能和对应的 -n、-ng 构成组合了。相对来说，-p 尾可能略为坚挺，图中把"心审禁〇"和"〇〇〇十（-p）"以及"男坎欠〇"和"〇〇〇妾（-p）"放在相邻位置，这些 -m 尾的平上去声字和 -p 尾的入声字似乎还能对应。如此看来，既然北宋的中原地区已经变成了这般光景，高宗南渡带着"椅、摆"字过去的笑话也并非一定是莫须有了。

这里尤其有意思的是，邵雍对几个 -k 尾入声韵的处理。在他看来"岳"的韵母接近"刀早孝"，"北"的韵母则接近"龟水贵"，"六"的韵母接近"牛斗奏"。可以这么说，中古早期的 -k 尾入声都转化成了双元音，-k 被 -u 或者 -i 所替代。今天类似的读音主要存在于河北地区的一些读法，也包括普通话里主要用在口语上的那些来自北京所处的河北地区的读音。"岳"在河北以及东北很多地方还是读 /iau/，普通话的韵母 /yɛ/ 则是来自 /yo/。

事实上普通话里面如果一个入声字是多音字，多半是 -k

尾入声字，两个读音一个主要出现在口语，读双元音，另一个主要出现在书面语，读单元音。"剥（bao/bo）""伯（bai/bo）""削（xiao/xue）""塞（sei/se）""色（shai/se）""脉（mai/mo）"都是如此，前者是北京所在的河北地区入声发展的结果，后者则是从南方官话传来的读音。

这是北方话入声演变过程中最有意思的环节之一。自唐朝安史之乱以来，河北地区始终由几个强大的节度使实际控制。当时包括现在的北京、天津、河北和辽宁一部分的河北地区可说兵强马壮，民风尚武，位于长安的朝廷很难对其进行直接控制，随之而来的则是河北地区的语言演变开始和更南方的方言发生区别。

唐朝灭亡之后，从五代到宋，河北北部地区更是长期为辽朝所统治，并是辽朝经济中心。在河北地区，入声早早开始了舒化的进程。但是和中国中部和南部大多数方言的入声舒化不同，河北地区中古 -k 尾的入声舒化时并不是纯粹变弱然后消失得无影无踪，而是变相留下了自己的痕迹。

由于中古以来汉语入声的韵尾不除阻，人们分辨不同的入声韵尾，很大程度上是依靠不同入声尾在从韵母的元音转到 -p、-t、-k 韵尾时产生的过渡段的语音。当河北地区的 -k 入声尾逐渐弱化时，这些本来是由人类发音机制制约自然产生的过渡段，并没有随着韵尾的弱化而消失，反倒成了古代河北人分辨原来的 -k 尾入声的主要方式，并得到了强化。

在这样的变化下，中古后期河北地区的方言，-k 尾入声在合适条件下，或者转变为 -i 结尾，或者转变为 -u 结尾的双元音韵母。大体而言，如果本来的元音比较靠前，那么补上去的韵尾就是 -i，如果比较靠后，那么补上去的就是 -u。

这种变化也相当常见。英语和德语是相当近的亲属语言，但是在英语中就发生了类似 -k 尾入声弱化导致产生了双元音的现象，如"天"在德语中是 Tag，在英语中是 day，在古英语中曾经拼为 dæg。英语的"bow（弓）"在古英语中本来拼为 boga，荷兰语中仍然拼写为 boog，德语则是 Bogen。同样，英语中本来读 /x/ 的 -gh 也会导致之前的元音发生复化。现代英语的 straight 在古英语中本拼写为 streht，thought 在古英语中本为 þoht，两个词本都是单元音，但后来它们的元音也在 /x/ 的作用下发生了复化。

甚至可能当时的中原地区发生了复化。虽然今天中原汴洛地区的方言 -k 尾入声韵母并没有复化成双元音，但是邵雍作为生活在中原地区的宋人，却把 -k 尾入声和双元音的韵母搭配，他的语音中极可能也类似河北方言发生了 -k 尾入声复化现象。

今天河北地区方言的面貌正是在此时奠基，辽朝留下的契丹小字见证了这种复化的完成。辽朝虽然是契丹人建立的，但是在各种领域汉文仍然相当通行。当时的辽朝，大多数位于北部的领土是说契丹语或者其他语言的，说汉语的汉人主要集中在辽朝南方的幽云十六州，辽朝的汉语也就以境内幽云十六州的方言为基础。

契丹人本没有文字，跟汉人接触以后，他们以汉字为模板先后创制了契丹大字和契丹小字。契丹大字和汉字一样并不直接表音，小字则是一种表音文字。契丹小字在辽朝贵族墓志中广泛使用。由于墓志中往往会提到人的姓名和官职，这些姓名和官职经常本是汉语，在用契丹小字书写时不会意译成契丹语，而是直接用契丹小字拼出汉语读音。

因此，就如我们可以通过唐朝藏族人的藏文拼写推知当时的汉语读音一样，辽朝契丹人的契丹小字也提供了辽朝幽州地区汉语的材料。根据这些契丹小字的拼写，"册"读 chek，"德"读 tei，"略"读 lew。这些中古时期 -k 尾收尾的入声在辽朝的汉语中已经开始变成双元音。

也正是因为河北地区坚定不移地走上了复化道路，我们才会见到"lào 亭（乐亭）""huái 鹿（获鹿）"这样的河北地名读音。实际上，河北辛集甚至"桌"都读 /tʂuɑu/（大概相当于汉语拼音 zhuɑo），饶阳县郭村的"郭"读 /kuɑu/，可以说把 -k 尾入声复化一条道走到黑了。

然而作为河北地区最大的城市，位于河北平原地区最北端的北京城却没有完全遵循河北方言的套路，这和北京长久以来的首都地位密切相关。

尽管在邵雍的时代，中原地区的 -k 尾入声可能也发生了复化，然而这种复化并没有坚持下来，中原地区的汉语入声走上了一条相当不同的道路。在这些方言中，以郑州话为例，"药"不会变成 /iau/，而会变成 /yo/，"百"的韵母不会变成 /ai/，而会变成 /ɛ/。这样的格局广泛分布在河南、安徽、江苏、湖北、四川、贵州、云南、广西、陕西等地的官话中。可以说，中国大部分人口都是说的这种 -k 尾入声基本直接弱化甚至脱落，并没有出现代偿现象的官话。由于在这些方言中，-k 尾最终脱落前，-k尾前的元音往往已经发生了简化与合并，因此多有"得""白"韵母相同之类的现象，而不像河北方言一样能够靠ei、ai区分。大概无须多加解释，北京话里的-k尾入声字在书面语的读音就是从这样的方言引进的。由于北京长期为首都，北京的人口比河北地区其他地方远远要复杂。大量人口，尤其是官宦人家来自中原和南方，他们把自己习惯的入声读音带入了北京，因此北京话和后来的普通话里很多-k尾入声字有南北两个读音，这也是"六安"中的"六"读lù的缘由。

　　一些特定字的演变路线则更加特殊。如"墨"在东北地区经常读mì，东北地区的方言大体和河北地区（包括北京）较为接近，但是河北地区"墨"的本地读音一般则是mei。这可能是和东北人的来源有关。今天东北地区的汉族居民许多是清朝晚期以来的山东移民，不少闯关东的山东后裔还记得自己的老家是莱州jimi的。由于是口口相传，有些不明就里的年轻一代甚至会在网上询问jimi是什么地方。其实jimi就是山东"即墨"，"墨"在胶东一些地方有个/mi/的口语读音。明末的顾炎武曾经专门提道："墨……平声则音梅……今山东莱州人呼即墨为济迷。"可见这个胶东莱州府的特色读法早在明朝末年就有了，后来更是被胶东移民带到了东北。除此之外，胶东地区的入声字演变还有非常独特的特点，如"角（-k）"在胶东地区的韵母普遍为/ia/。胶东的特色读法甚至不局限于-k尾入声，如"割（-t）"在大部分官话后来都演变为o韵母（普通话的e则是o的进一步发展），但是在胶东地区普遍存在a的读法。情况类似的还有"蛤（-p）"，青岛人把"蛤蜊"叫/ka la/，前一个字本就是"蛤"的本地读法。

北方地区还普遍有个读成 /tau/ 的动词，意思是啄，经常被人写成"叨"，北方人经常说被鸡"叨"了一口，或者把啄木鸟叫"叨木官"。其实"叨"本是"啄"作为 -k 尾入声字的复化读音，只是和大部分复化读音限于河北地区不同，"啄"的这一读音涵盖了中原、关中、山东等许多地方。这一类的入声字还有"肉""贼"，这两字在不少基本保留入声的长江流域官话里也经常有舒化的读法。譬如"贼"在老南京话口语里面读 /tsuei²⁴/（阳平），读书的时候才读 /tsəʔ⁵/（入声）。和古南京话有密切关系的长江中上游的湖北、四川等地的方言，"贼"往往出现类似的两读现象。

元明之后，北方话里的入声开始走上彻底消失的道路。然而汉语韵律中入声属于仄声，北方话的入声如果不幸并入平声（几乎所有北方话都有这样的现象），就会造成平仄上的混乱。因此长久以来，虽然北方口语中入声早就消失了，但是读书的时候，不少北方人仍然会尽量读出入声。明朝接触过北方话的南方人一般非常乐于提及北方话的入声已经消亡。譬如太仓人陆容提道："北直隶山东人以屋为乌，以陆为路，以阁为杲，无入声韵。"有趣的是陆容紧接着又说："入声内以缉（-p）为妻，以叶（-p）为夜，以甲（-p）为贾，无合口字。"他专门挑选了三个收 -p 的入声字又批判一番。大概对于陆容来说，正确的语音不但应该有入声，-p 尾的入声还得读出"合口"来，这样的语音大概和几百年前北宋邵雍时代的正音标准类似。万历皇帝年幼时，讲官讲授《论语》讲到"色勃如也"还读作入声，皇帝将"勃"读成了"背"字（去声）。张居正竟然厉声指正："当作'勃'字！"小皇帝受到了严重惊吓。结果后来详加考证，虽然"勃"确实是入声字，但此处应该按照"悖"来读成去声。小皇帝的读法是宫中内侍们教的，内侍因为自己文化程度不高，所以只敢死板地按照书上的注释依样画葫芦不敢偏离。讲官和张居正这样的学者反倒由于过于自信，对"勃"这样的常用字就没有参考注释，直接按照平时习惯的读音读成入声了。

尽管张居正命令小皇帝读入声是闹了笑话，但是也从侧面说明在明朝晚期的宫廷，至少读书的时候该读入声的字还是应该读入声，而不是像北京口语那样入声派入了其他四个声调。北京读书人这样的习惯一直维持到民国时代，当时北京读书音里面，入声字还是得读个像去声但是要更低、更短一点的特殊声调。

尽管今天北方地区大部分已经没有入声了，然而历史上，西北地区曾经有比其他地区更多的入声。当时西北地区把一些其他方言中读去声的字读作入声，也就是《切韵·序》中的"秦陇则去声为入"。

成书于宋朝的《集韵》记载了一些这样的西北方音，譬如"四"就"关中谓四数为悉（-t）"，"泪"则反切为"劣戍（-t）切，音律（-t）"。这和后来汉语的去声中一部分在上古时期也有塞音尾有密切的关系。今天秦陇地区几乎所有方言入声都已经彻底消失，然而关中和晋西南地区的方言中，m、n、l之类的次浊声母的古入声字会读阴平，今天关中和晋西南仍然有方言把"泪"读成阴平调，也即和"律"同音。如陕西大荔和山西万荣，"泪"都有 /ɣ/ 的阴平读音，和当地"律"的读音相同，不同于当地"类"的读音。

《切韵》系韵书里面"鼻"读去声，但是今天北方话普遍读阳平。这个读音按理应该来自入声，在保留入声的山西、江浙、湖南、江西地区更是大规模读入声，只有在闽粤地区才是以读去声为主，如广州话"鼻"说 /pei²²/，是个地道的阳去读音。

尽管如此，广州话在"象鼻"一词中，"鼻"就读入声的 /pet²²/，因此粤人经常把"象鼻"写成"象拔"，连带一种长得像象鼻的贝类海鲜也就跟着写成"象拔蚌"了。当"象拔蚌"的写法被其他地区的中国人借用时，人们往往云里雾里不明就里，觉得这个名字高深莫测极了，谁知其实就是普通的"象鼻"呢！

梨园人念念不忘的一条铁律

你说话"新""欣"不同音吗？

太原人语多不正？

福建话为什么把"枝"说成"ki"？

你说话"新""欣"不同音吗？

夫尖团之音，汉文无所用，故操觚家多置而不讲。虽博雅名儒，词林硕士，往往一出口而失其音……盖清文中既有尖团二字，凡遇国名、地名、人名，当还音处，必须详辨。

——清·乌拉文通《圆音正考·序》，1743 年

如果你是一个京剧、昆曲或者越剧的爱好者，可能早就已经发现，唱戏时若干字的发音和平时说话颇有不同。譬如在这三种戏里，唱到"新"字时，都唱 sin，但是唱"欣"时，就和普通话的读音 xin 差不多。

对于戏曲深度发烧友来说，可能已经听说过，这两个字的分别，在戏曲界称作"分尖团"。这是许多种戏曲尤其强调的东西，譬如唱京剧时，如果不分尖团，那传统上会被认为是唱倒字，是水准不佳的表现。

和日常口语不同，戏曲中的发音往往是师傅教徒弟，一代一代传承下来的。再加上戏曲界长期以来都有一些崇古的风气，所以很多情况下戏曲中字的读音会比日常说话要稍微老一些。

今天和京剧、昆曲、越剧关系比较紧密的北京、武汉、绍兴等地说话都"不分尖团"，但是在这些戏曲中，无论演员来自何方，能分尖团才是好的。

比较奇特的是，从明清时代到现在，汉语的语音虽然大体较为稳定，却也发生了不少杂七杂八的变化。但是在诸多变化之中，唯有尖团变成了梨园中人念念不忘的一条铁律。究其原因，大概还是尖团音的区别在听感上相当明显，就算是一个平时不分尖团的人，猛地一听 sin，也不难听出和自己口中的 xin 存在相当鲜明的区别。

也正是如此，尖团音以及尖团合流是汉语中少数具有自己专名的语音现象。能够确定的是，"尖团"概念始自清代，主要是描述中古见组声母和精组声母在细音前可以区分的现象，也就是说，在分尖团的方音中，齐／棋、新／欣、精／京、节／结、尖／坚等字都不是同音字。在比较典型的"分尖团"的方言，如郑州话中，每组字的前者声母是 c/tsʰ/、s/s/、z/ts/、z/ts/、z/ts/，后者声母则是 q/tɕʰ/、x/ɕ/、j/tɕ/、j/tɕ/、j/tɕ/。

如果仔细体会普通话 j、q、x 的发音，会发现在发音时舌头的前部会接触口腔的硬腭部分，而 z、c、s 则要更靠前一些，趋近舌尖。对于普通话或者其基础北京话来说，不分尖团的核心原因在于清朝发生的变化。本来的 z、c、s，在细音如 /i/、/y/ 之前变成了 j、q、x，和本已存在的 j、q、x 发生合流，这个变化在语音上可称为"腭化"。

假如我们能再向前追溯，其实在尖团合流前的团音 j、q、x 也是腭化的结果，在更古老的年代，这些原本来自 k、kʰ、g 等声母。我们依然能够在粤语中找到这些声母本有的状态，广州话里，齐（cai/tʃʰei/）、棋（kei/kʰei/），新（san/ʃen/）、欣（jan/jen/），精（zing/tʃɪŋ/）、京（ging/kɪŋ/），节（zit/tʃit/）、结（git/kit/），尖（zim/tʃim/）、坚（gin/kin/），基本可算保留了这些声母原本的状态。

清朝中期，也就是《圆音正考》成书的时代，北京话已经不分尖团了，因此就有人专门撰写了《圆音正考》帮人分清尖团。除了帮助梨园人士之外，分清尖团还有着另外一个目的，让满汉对音能够更加精确一些。

所谓"尖团"之名，其实本是来自满族人的总结。清朝前期满族人仍然普遍使用满文，满文是一种在蒙古文基础上改造的拼音文字。在满文中，表示 g（ᡤ）/k/、k（ᡴ）/kʰ/、h（ᡥ）/x/ 的字母都是圆头的，而表示 j（ᡷ）/tʃ/、c（ᡐ）/tʃʰ/、s（ᠰ）/s/ 的字母字头比较尖，因此才有了"尖团"之名。满文音译汉语时，一般用前一组字音译汉语的 j、q、x，用后一组字音译汉语的 z、c、s。"尖团"首次出现正是在《圆音正考》里，对于尖团音的范围，《圆音正考》也给了简明扼要的概括，即"试取三十六母字审之：隶见溪群晓匣五母者属团；隶精清从心邪五母者属尖"。

《圆音正考》问世于清乾隆年间，乌拉文通的序作于 1743 年。我们已经无从得知为什么当时满族人要强调分尖团。当时的满族人主要居住在北京和东北地区，接触的汉语也多是北京和东北地区的汉语，而《圆音正考》问世时，北京话和东北方言都已经不分尖团，分尖团也得是要靠死记硬背才能达成的任务。虽然任务艰巨，当时的满汉翻译和戏曲却都要求得分出汉语的见组声母和精组声母，这才有了这本专门教人分尖团的书的横空问世。

对于清朝早期到中期的满族人来说，需要《圆音正考》辅助分尖团确实是运气不济，因为以满语为母语的满族人如果学习北方话式的分尖团确实相当困难。假设他们学习的是广州话那样的分尖团，《圆音正考》这种专门教人分尖团的奇特作品恐怕根本没有面世的机会。

从明朝末年开始，满族人就开始与汉语深度接触。然而满语的语音系统结构和汉语相差甚大，汉语拼音中的 z、c 这样的音在满语中并不存在，满语的 j、c 相对来说更加接近英语 j、ch 的发音部位，本为拼写满语设计的满文，如果硬要拼写出 /tsi/ 和 /tɕi/ 的不同，是有不小的困难的，甚至要写出汉语中普遍存在的 /ts/、/tsʰ/ 都会有问题。为此，1632 年，在对满汉翻译有极突出贡献的达海的主导下，满文专门增补了两个字母 ᡶ、ᡷ 用来写汉语的 /ts/、/tsʰ/，才算把问题部分解决。

但是这并没有把问题全部解决，汉语各方言普遍存在一种在世界诸语言中都不大存在的元音——舌尖元音，也就是汉语拼音 zi、ci、si 的韵母（你应该不难发现它们和 ji、qi、xi 里面的 i 不是一回事吧）。满语同样不存在舌尖元音，只存在普通的 /i/，为了能够拼写出汉语带舌尖元音的音节，也就是汉语拼音的 zi、ci，满文把两个新发明的字母和元音 i 的组合用来对音汉语的舌尖元音。也就是说，弄了半天，倘使真的碰上 /tsi/、/tsʰi/，用满文拼写还是有困难。

　　总而言之，一番折腾之后，满文表示尖团之分仍然相当困难。但这对于当时的满族人来说也并不是问题。满文在草创期，确实对汉语的尖团之分并不讲究。早在清朝入关之前，还住在东北的满族人就已经热衷于《三国演义》这样的汉语小说，因此《三国演义》早早就被翻译成了满文，广受欢迎。甚至他们还把《三国志宗寮》这样简要介绍三国人物的辅助书也翻译成了满文，而翻译过程中三国人名只能音译，不适合意译。

　　在满文本的《三国志宗寮》里，本属见组声母的"几"拼写成了 ji，"乔"拼写成了 ciyoo，"戏"拼写成了 si，"据"拼写成了 jioi。本属精组声母的"济"拼写成了 ji，"谯"拼写成了 ciyoo，"袭"拼写成了 si，"沮"拼写成了 jioi。总之，精组声母和见组声母的拼写经常完全一样，没有区别，用后世术语概括，是典型的尖团不分。

　　可是到了康熙年间，满文对汉语的拼写却进行了旨在复古的改革，尖团正是这次改革的重头戏。今天在故宫中徜徉，不难发现绝大多数宫廷的牌匾都是满汉对照，其中的满文大多是直接拼出汉字读音。这种满汉对音得要分尖团，譬如"乾清宫"满文拼作 kiyan cing gung，团音字"乾"和尖音字"清"的区别清晰可辨。

　　由于满文拼出 /tsi/、/tsʰi/ 有困难，因此在改革中干脆回避了这个问题，直接把见组声母复古一步到位变成 g、k、h。这对于康熙年间越来越熟悉汉文化的满族人来说不是问题。此时在很多官话方言里，g、k、h 应该都还没怎么腭化，加之古代韵书的作用，并不需要很高深的语言学知识就能知道"基、欺、希"

这样的"团音"，在更老的读音里头应该读 gi、ki、hi。

事实上，清朝用满文拼写汉语越到后来就越想精益求精。乾隆年间，皇帝竟然异想天开，试图让满汉对音时，用满文把汉语的平上去入四声以及"卫"和"魏"的读音区别也反映出来。由于相对尖团之分，这些分别消失得更早，满文无从着手，因此并没有真的改革下去。

无论如何，清朝中期以后，尖团之分在北京城陷入了奇特的僵化状态。要说口语里面分尖团，全北京城的本地人大概都没有分的，要找到能分尖团的北京人恐怕只能到西山的村里碰碰运气。但是北京各类人群却都对分尖团有强大的执念：上至宫里的皇帝用满文拼个汉语一定得分；中间的各路官绅口语不分，但是心里对哪个字尖、哪个字团都门清，说不定读书的时候还要装模作样卖弄一番；下到梨园人士唱戏的时候可不敢不分，不分了那直接就唱倒字能被人喝倒彩。恐怕汉语历史上都少有这样的死而不僵的音变。

对尖团的强大执念一直延续到民国时期。民国起初并没有打算直接用北京话当作国语，而是要在北京话上进行一些修改，让北京话更适合成为国语。这种修改版的国语称作"国音"，其中一大修改就是让北京话分出尖团。"国音"的推广并不算成功，没过几年，京音也就是较为纯粹的北京话占了优势，成为国语基础，以至于今。但是此时在解放区，汉字改革的产物——北方拉丁化新文字问世。直到汉语拼音出现，这套方案一直是在群众中推行的主要拼音方案，这种新文字恰恰也是分尖团的。譬如"新文字"就拼作 sin wenz，"熟练起来的"拼作

shu lian ki lai di。甚至可以说，分尖团是这套新文字表述的语音和北京话的主要区别。直到 21 世纪的今天，尖团之分也并没有完全退出我们的生活。戏曲经常还要求分尖团自不必说，在进行翻译时，新华社官方的《英汉译音表》里要求把英语的 /si:n/ 翻成"辛"，/ʃi:n/ 和 /hi:n/ 都翻成"欣"。如果你来自分尖团的地区，大概就能理解为什么要这样 —— "辛"是尖音，"欣"是团音。

太原人语多不正？

太原人语多不正，最鄙陋恼人，吾少时听人语，不过百人中一二人耳，今尽尔矣，如酒为九，九为酒，见为箭，箭为见之类，不可胜与辨。

——明·傅山《霜红龛集》

The two most striking differences between them, consist in the change of the initial k before i and ü into ch or ts…

（北京话与"正音"之间最明显的两项区别包括声母 k 在 i 和 ü 前面变成 ch 或 ts……）

——卫三畏（Samuel Wells Williams）《汉英韵府》，1874 年

又如去字……山东人为趣……湖广人为处。

——明·陆容《菽园杂记》

尖团不分并不是北京人的专利，今天尖团混淆仍然是一个在全国范围内迅速推进的音变。许多地方老人还分尖团，年轻

人就分不出来了。除了不分尖团的普通话的影响之外，腭化本身就是一个特别容易发生的音变。

为什么 g、k、h 和 z、c、s 在细音前会腭化呢？这是由生理机制决定的。我们发音时，每一个音素并非是完全独立的。一个元朝或者明朝早期的中国人，当他说 gi 这个音（如"机"字）的声母 g 时，由于他很快就会再发 /i/ 这个很靠前的元音，g 在他口腔中阻塞的位置就会比其他情况下（如发"歌"go 音）g 的位置要更靠前一些，如此一来他发音时从位置靠后的 g 转向位置靠前的 i 的动作就可以小一些，也更省力一些。

我们把这个假想的生活在元朝的中国人称为"甲"。对于"甲"来说，发"机"和"歌"时声母的微小区别不过是发音器官生理因素带来的副产品，他仍然认为"机"和"歌"的声母是同一个 g。这和今天英语的情况差不多。英语 key 中的 /k/ 发音位置明显要比 cow 中的 /k/ 要靠前不少，但是对于绝大部分说英语的人来说，这两个词的开头的辅音都是 /k/，其中一些微小的语音差别不过是可有可无的附带特征。

然而，当"甲"的儿子"乙"开始学说话时，他从"甲"这里学到了这两个发音。他注意到了"机"的 g 发音位置比"歌"的 g 要靠前一些。对于"乙"来说，他并不知道这其中的区别并没有意义，作为一个正常学说话的小孩，他的目标是尽量忠实地模仿"甲"的发音。在模仿"甲"发音的过程中，"乙"就把对于"甲"来说无足轻重、只是生理因素导致的副产品的 g 的前后区别认真地模仿了出来。

但是在模仿成功两个 g 的微妙区别以后，由于发音上的生理因素，"乙"的"机"的发音位置更加靠前。在"乙"又有了后代"丙"之后，"丙"的"机"成阻位置进一步向前移动，最终在某个时间，"歌"和"机"的声母的区别已经足够大，以至于两个字的声母不再被视为一个，就如同今天的普通话一样。此时一般"机"的声母的成阻部位已经前移到了硬腭，到了这个位置，辅音后面再接 i 这样的前元音时已经几乎不需要再有动作了，因此这个音变被称为"腭化"。

不光是 g、k、h 可以腭化，z、c、s 也可以腭化，只是和 g、k、h 相反，z、c、s 腭化的过程是往后移动而非向前。对于多数北方方言来说，g、k、h 的腭化要早于 z、c、s，如果 g、k、h 已经腭化，但是 z、c、s 仍然维持在没有腭化的状态，就是北方最常见的，也是京剧、昆曲中的分尖团。

由于腭化音变是人类发声器官的生理特性所推进的，因此它是全世界语言中非常常见的音变。只要一门语言被记录的历史够久，多半能发现历史上发生过腭化。拿中国人相对熟悉的英语为例，现代英语的 ch 不少在古代的英语中曾经读 k。如英语中"教堂"是 church，但是在英格兰北部和苏格兰地区的教堂就往往是 kirk，保留了腭化前的读音。英语中"书"是 book，但是还有个 beech，意思是"山毛榉（一种树）"。山毛榉在西欧是非常常见的树种，曾经是西欧地区造纸的主要原料，因此 book 和 beech 有相当密切的词源关系。但是由于 beech 历史上词尾的 /k/ 发生了腭化，演变为 ch（导致腭化的成分后来因为在词尾脱落了），相较而言，book 就没有触发腭化。同样道理，英语中 speak 和 speech 也有密切的同源关系。今天英语中 -tion

一般读 /ʃən/，这也是从历史上的 /sjən/ 腭化而来。

　　腭化在语言中甚至可以是反反复复地发生。英语是一种印欧语言，其祖先是原始印欧语。在原始印欧语里，8 是 *oḱtṓw，在古印度的梵语中，8 演变成为 अष्ट（aṣṭa），原本的 ḱ 已经腭化变成了 ṣ。但是对于梵语和波斯语来说，这并不是腭化的终点。在原始印欧语的 k 腭化之后，梵语仍然存在 k 出现在前元音前的组合。原始印欧语的 4 是 *kʷetwór，在梵语的祖先那里 *kʷ 演化为 *k，最后新出现的 *ke- 再次发生腭化，这次腭化的结果就是后来梵语的 चतुर्（catur）。

　　历史上经历过多次腭化的语言几乎不胜枚举。从古代拉丁语演变到现代法语也经历了相当多的腭化音变，古代拉丁语的字母 c 都读 /k/，但是在法语中，c 先在 i 和 e 前发生了腭化，拉丁语的 centum（100）在法语中演变成为 cent，虽然拼写上仍然以 c 打头，但是这个 c 的读音已经从 /k/ 腭化为 /tʃ/，再变成 /ts/，最后变成了 /s/。这些 /k/ 的阵亡并没有阻挡法语继续腭化的脚步，过了一段时间 a 前面的 c 也发生了腭化，拉丁语的 cambiare（改变）在法语中成了 changer，本来的 /k/ 腭化为 /tʃ/，再变为 /ʃ/。这个词又被英语借入，当时法语的 ch 仍然读 /tʃ/，所以英语 change 也照搬了这个读音。

　　当然如果你的观察力敏锐，可能已经发现 changer 的腭化不光是波及了开头的 c。法语可以说是腭化音变的温床，仅在 cambiare 一词中，bia 也发生了腭化。，其中的 /bj/ 腭化为 /dʒ/，再变为 /ʒ/。无独有偶，同属汉藏语系的藏语历史演变过程中也发生了这样的严重腭化，如藏文"鸟"拼为 ɕ（bya），在吐蕃时代，藏语的鸟可能确实这样读，但是今天在腭化作用下，拉萨藏语已经把鸟说成 /tɕʰa/ 了。

所以这就引起了又一个问题。明确说明尖团混淆的较早材料，傅山的《霜红龛集》已是晚明时期的作品，而且作者基本只提到了太原一地，彼时尖团混淆在太原也不过是发生未久的事。既然腭化如此常见，除了明清时期汉语历史上确确凿凿发生过的涉及"尖团音"的腭化之外，之前数千年汉语就没有发生过腭化吗？

首先要说明，虽然腭化是个非常容易而且极为普遍的音变，但却不是必然发生的。在真实的生活中，并不一定会是像"甲、乙、丙"三代人这样，腭化在每一代都稳步前进。事实上，被中古人归为牙音的见组声母 g、k、h，在汉语的主流方言中，从南北朝伊始一直到明代都没有明显的腭化倾向。在这一千多年的时间中，或许大多数学说话的小孩最终意识到靠前和靠后的两类 /k/ 本质上是一种东西，因此阻挡了腭化的脚步。

不过，在一些材料中，已经可以看到腭化的先声。譬如我们之前讲过越南汉字音的二等字已经发生了腭化，如"江"变成了 giang，"交"变成了 giao。出生于 1607 年的傅山记录了太原地区腭化的具体过程，他的青少年时期大概相当于明朝末年。在明末清初的几十年时间，太原话迅速完成了尖团合流。不过此时对于傅山这样的讲究文人来说，尖团合流仍然算得上是一种鄙陋的毛病，所以他心中的正音应该得要分尖团。

更有意思的则是，在包括普通话的前身在内的大部分官话中，"吃"字的读音极为特殊，可能发生了提前腭化。这个字来自中古的溪母，也就是在中古时代读 /kʰ/，类似汉语拼音的 k，但是可能因为太过常用，相比自己的溪母同类字（如"契"，请留意"吃"的繁体字"喫"声旁就是"契"），它更早被卷入了腭化漩涡，成了见组的叛徒，跳槽到了知照组，在溪母兄弟们还读 /kʰ/ 的时候就读了 /tʃʰ/，并最终跟着知照组的成员演变成了今天普通话的 ch。但在多数南方方言中，"吃"的读音仍然是一个普通的溪母字的读音，并在明清时期随着溪母主流腭化成了 /tɕʰ/（类似汉语拼音 q）。所以同样一个"吃"在湖南一带往往读 /tɕʰia/ 之类的音，和"恰"比较接近，今天如"恰烂钱"之类的网络流行语中的"恰"，归根结底是"吃"字在湖南地区的正常演变。在北方有些地方，这样提早闻风跳槽的字还多一些。在陕西关中地区，有的地方"翘"读了类似 cao 的读音，如三原话 /tsʰau/，就是 /kʰ/ 早早腭化进了知照组又跟着演变成 /tʂʰ/ 再变为 /tsʰ/ 所致。

在山西西南部地区，这批字数量尤其多，譬如洪洞话"紧"读 /tien/、"浇"读 /tiao/，浮山话"鸡"读 /ti/，万荣话"契"读 /tʂʰ̩/、"角"读 /tʂɤ/，都是提前走上腭化道路的见组字，和当地见组主流演变不同。

总体来说，当历史的脚步前进到明朝取代元朝时，中古汉语读 g、k、h 和 z、c、s 的字，包括通行官话在内的大多数方言中，仍然老老实实待在他们本来的位置上。不过明朝至少见组腭化的例子多了起来。明朝陆容的《菽园杂记》里面提了一嘴："又如去字……山东人为趣……湖广人为处。"这说明两湖和山东一些人的"去"字已然腭化。尤其值得注意的是，山东人的腭化结果是一步到位，直接到了精组声母的位置（明朝官话主流"趣"的声母还是 /tsʰ/），这和今天胶东荣成等地口语中"下"说 /sia/、"家"说 /tsia/，或许有着一些微妙的联系。此外，荣成话"鸡""浇""翘""角"在口语中也分别有 /tsi/、/tsiau/、/tsʰiau/、/tsia/ 的读音，和山西、陕西部分地区提前腭化的见组字有很高的重合率。这并非偶然，而是涉及了北方话演变过程中的另一个有意思的现象，我们其他章节会讲起。

不过这些腭化现象往往局限于北方相对封闭的地区，而且越是交通死角的地方往往涉及的字就越多，有相当明显的地理局限。官话主流中，这些提前的腭化除了"吃"字以外，几乎统统都只能算作乡野土音，甚至于这些出现了提前腭化的字往往也有另一个正常的见组读音。又由于这些地方往往处于交通死角，受到外界影响较小，明清以来主流官话的见组腭化尖团不分反倒较少受到波及，譬如荣成话，虽然口语里"家"说 /tsia/，类似汉语拼音 zia，但是要念起书来，或者说"家乡"之类的词，"家"就立马读成 /cia/，腭化程度很低，听起来就像汉语拼音 gia。

腭化读音上位过程之长还可以从明清时期朝鲜人的记录中管窥一二。朝鲜语中几乎所有汉字都有自己的读音，朝鲜语的汉字音是中国中古时期传入朝鲜的，因此元明以降，朝鲜对汉字的读音比中国的官话往往要更加保守。

对于一辈子生活在朝鲜的绝大多数朝鲜人来说，朝鲜人读汉字和中国人不同不是问题，中国人怎么读汉字和他们的生活毫无关系。可是由于朝鲜和中国交往密切，总有那么一拨人需要学习中国话。当时不少的朝鲜士大夫阶层除了能用朝鲜语自己的汉字音读文言文以外，也具有一定的汉语口语交流能力。

　　既然需要和中国人说话，就得学当时中国人的口语，朝鲜也出现了一些学习汉语的教材。朝鲜语中尖团分明，譬如"京"，朝鲜汉字音是경（gyeong），"精"则拼为정（jeong），因此朝鲜人学习汉语的教材可以为我们展现进行中的腭化。

《老乞大谚解》书影　　《朴通事新释谚解》书影

　　成书于 1670 年的《老乞大谚解》是朝鲜一度相当流行的汉语教材，作者为译官崔世珍。所谓"乞大"也就是"契丹"的别译。由于辽朝的余威，不少中国周边的语言都把中国北方甚至整个中国叫作"契丹"，今天的俄语仍然如此。在这本书中，

作者给了两种汉语的音，一种为"正音"，一种为"俗音"。注音时在汉字下左边写正音，又称左音；右边写俗音，又称右音。譬如"来"在书中正音为래（rae），俗音为레（re）。

不管是正音还是俗音，都和朝鲜语自己源自中古汉语的汉字音有相当差别，而是反映成书时候中国通行的汉语读音。在《老乞大谚解》里，"京"的正音和俗音都拼写为깅（ging），显然比朝鲜汉字音更接近今天中国北方话的读音，然而同样可以看出正音和俗音的见组声母在细音前都没有腭化。到了1765年出版的《朴通事新释谚解》中，仍然维持了这样的格局。不过其中少数见组字的俗音已经腭化，譬如"几"，正音作계（gye），俗音作지（ji）；"去"，正音作큐（kyu），俗音作취（chwi）。一直到19世纪后期的《华音正俗变异》里，见组字在细音前面的俗音才完全腭化，正音则仍然没有腭化迹象。

至于精组腭化和见组合并，即尖团不分，取得官话正统地位的时间更加晚。就连北京话，虽然口语中见组早就发生了腭化，但是直到1874年出版的《汉英韵府》还认为"正音"里k在i或者ü前不应该腭化。根据作者的描述，他认为"正音"是南京地区的语音。在同一本书里，北京话虽然g、k、h在细音前已经腭化（书中拼为ch、ch'、h'），但是z、c、s（书中拼为ts、ts'、s）并未腭化，也就是尖团仍未合并，说明至少在一些北京读书人的心目中，精组不腭化的读音仍然是正统读音。

这一波元明以来在北方扩展迅速的腭化在华南地区则相对影响较小，大多数的粤语、客家话和福建、海南的方言见组声母都没有发生很明显的腭化。相反，在这些地方，往往精组字在实际发音时会有所腭化，甚至一些在广西的官话，如柳州话，也基本处于这个状态。云南滇西地区的方言，特别是腾冲一带的乡间，则和柳州、胶东半岛尖端、山西东南部等一些地方一样同为官话和晋语地区见组腭化程度较低的方言，尖团尤其分明。

不过奇怪的是，尽管在19世纪晚期，讲究的北京人可能还记得尖团音的来源。短短几十年后，20世纪以来的北京话和普通话则出现了一种新的现象。它从北京西单的一条小胡同开始，逐渐波及全国，这就是把j、q、x不分古代来源全读成z、c、s。

这种现象最早被人注意是20世纪20年代发生在北京和沈阳地区的女学生中，因为出现在"女性说国语"的场合，所以被称为"女国音"。又因为最早流行于劈柴胡同（今天的辟才胡同），也被戏称为"劈柴派"。当然，这并非是小小的劈柴胡同有什么不得了的神通，其实只是因为当年的北京师范大学附属女子中学坐落于此，女学生们引领了时代潮流，劈柴胡同沾光而已。

对于一部分女性来说，这样咬字显得更加娇嗲一些，这也是这种读音为何在受过教育的女学生中尤其流行的原因。"女国音"现象在普通话测试中一直被当作不标准的标志之一，虽和全国人民普通话越说越标准的总体趋势相悖，但"女国音"却能够不断发展壮大。在被注意一个世纪后，"女国音"成功以燎原之势吹遍全国，甚至烧进了一些广播电视主持人那里。当女学生们长大成为妈妈、奶奶、外婆之后，她们的后代不分性别都容易带上"女国音"特征。21世纪上半叶的今天，似乎已经没有什么可以阻挡"女国音"继续攻城略地了。

福建话为什么把"枝"说成"ki"?

条枝,在安息西数千里,临西海。

—— 西汉·司马迁《史记·大宛列传》

中古汉语章组的发音位置和普通话 j、q、x 基本一致,既然普通话的 j、q、x 是腭化的结果,那么中古时期的章组会不会也有同样的来源呢?

在今天福建地区的方言中,仍然有一些章组字出人意料地读舌根音。如"枝"在厦门话中读 ki,"齿"读 kʰí。中古时期章组已经腭化,闽南话这样的读音莫非是从腭化音"逆腭化"回去的吗?

事情似乎并不是这样的。以"枝"为例,仅仅通过汉字就可以看出这个字和见组字有较为密切的联系。"枝"的声旁是"支",同属章组的"支"是一个常见的声符,但是它的谐声字大量出现在见组,譬如"技""岐""歧"等。

更有意思的是,"枝"和"支"早在上古时期就曾经作为音译外国地名的用字出现过。譬如《史记》中就记录西域有个

"条枝"国，这可能是汉武帝时期开通西域之后，西域的信息通过丝绸之路上的使者和商人渐次传入中国，最终到达太史公耳朵里。在太史公提到"条枝"国两百多年后，东汉使臣甘英尝试出使大秦，最终在条支国被海所阻，未能完成使命。虽然甘英一行最终没有抵达目的地提前返回，但是《后汉书》中依然留下了"条支"国的记录。在《后汉书·西域传》中，明确提道："条支国城在山上，周回四十余里。临西海，海水曲环其南及东北，三面路绝，唯西北隅通陆道。"比《史记》的记载要详细得多，这无疑得归功于甘英亲赴条支带回的一手信息。

长久以来，关于"条支"到底是音译了哪里的地名一直有所争议。有的说这指的是今天伊朗波斯湾沿岸布什尔港（بوشهر），这座城市是座古城，在亚历山大大帝东征时期曾经被希腊人称作 Ταοκή（Taoke），看起来和"条支"有几分相似；还有的认为条支实际上指的是地中海东岸名城安条克（Ἀντιόχεια/Antiochia），即今天土耳其 Antakya，中国人在翻译的时候可能按照汉语自己的韵律习惯把头上的 An 丢了。

相对来说，最靠谱的解释则是条支就是 Seleucia，和亚历山大大帝部将瓜分亚历山大留下的大帝国的亚洲部分的塞琉古有关系。就像他曾经效忠的君主亚历山大一样，塞琉古王朝的开国君王塞琉古一世甚是喜欢营造以自己名字命名的城市，因此西亚地区建立了很多名为 Σελεύκεια（Seleucia）的城市，在今天一般都音译为"塞琉西亚"，其中最重要的应该是位于今天伊拉克底格里斯河畔，巴格达附近的塞琉古王朝国都塞琉西亚。条支是这几十个塞琉西亚中的某一个。

这个"塞琉西亚"译名是按照英语读音翻译而来的，但是在古代，Σελεύκεια 真正存在的时代，希腊语的 κ 读为 /k/ 并不存在什么争议。也就是说，"支"翻译的是 κεια 部分，声母最有可能是 /k/。即便 Taoke 说或者 Antiochia 说是正确的，其实也并不影响这个结论，Taoke 的 k 应该读 /k/ 自不必说，在东汉时期，希腊语的 χ 应该尚读为送气的 /kʰ/。总而言之，汉朝"支"或"枝"的声母并没有腭化，就如今天的闽南话一样。

这又是古老的福建方言残存的中古之前的旧读。中国方言虽然纷杂，但是绝大多数现象都可以从隋朝成书的《切韵》所代表的那种中古汉语推导得出。也就是说，全国大部分方言都可以视为《切韵》背后的中古汉语的子子孙孙，唯独福建地区的方言的祖先在隋朝时和《切韵》分了家。除了福建方言以外，在有些客家话里，也有"枝"读 /ki/ 的现象。

对福建方言的研究大大帮助了我们了解中古时代章组字的来源。通过对章组来源的研究，我们可以惊讶地发现，近代汉语的"尖团合流"相比上古到中古的剧烈腭化简直是小巫见大巫。

通过福建方言保留的上古音，我们已经可以看出中古的部分章组来自上古的舌根音，和近代汉语 g、k、h 腭化为 j、q、x 如出一辙。这些字还为数不少。一些字虽然在福建方言中也已经腭化，但却能够从汉语方言和周边语言的其他证据中看出。

最知名的例子大概是"车"，在包括普通话在内的几乎所有方言里面，"车"都有章组和见组两个读音，即普通话的 chē 和 jū，后者一般读音和"居"相同，这个读音普通话里几乎已经只剩在下象棋的时候用了。但是在不少方言里面，如"舟车劳顿"这样比较文绉绉的词语中，"车"也读"居"。"车"的两个读音基本没有意思上的差别，在发生腭化之前，读音也相当接近。

　　汉语"针"在中古时期读 /tɕim/，属于腭化的章组字，就算在福建方言中也是如此。但是针是一种从原始时代人类就会加工利用的重要工具，因此汉语的"针"在同属汉藏语系的亲属语言中拥有一些同源词。藏语中"针"是 ཁབ（khap），缅甸语中"针"是 အပ်（ap），汉语的这两大亲属语言的同源词都没有腭化。

　　由于汉语在东亚区域的强势地位，一些周边的非亲属语也借用了一些汉语的说法。针虽然古已有之，但是更加适用的金属针的出现则要依靠较为高超的金属冶炼技术，这项技术正是起自上古中原。在中古晚期越南语大量引入汉语词之前，就有一些在日常生活中的词汇进入越南语，这批词被称作"古汉越语"。因进入越南语的时间比较早，多数越南人已经意识不到这些词本也来自汉语，"针"正是其中之一，在越南语中说 kim。此外，泰语中也有一批中古以前就进入的汉语借词，"针"也是其中之一，泰语"针"作 เข็ม（khem）。同藏语和缅甸语这样早早分化的亲属语言相比，越南语和泰语中的"针"因为直接从上古汉语借入，更像汉语，也都尚没有发生腭化。

　　除了舌根音以外，还有一批章组字可能是来自 /t/、/tʰ/、/d/等辅音的腭化。如"者"是"赌"的声旁，中古时期汉语"者"的声母是 /tɕ/，"赌"则是 /t/。很明显，"者"在更古老的时代也发生了腭化。这在当代的方言中不乏一些平行案例，如在陕西关中地区的许多方言中，d、t 在 i 前面也会腭化，因此会有"电"和"件"同音的现象。只是关中地区的腭化波及面相当狭窄，上古到中古章组的腭化则涉及了全国几乎所有的方言。

也就是说，从上古汉语到中古汉语，已经发生了一波波及面相当广的腭化现象，这直接导致了中古汉语"章"组声母的生成。相比起明清以来的见组腭化和精组腭化至今都尚有大批的漏网之鱼，上古到中古的第一次腭化的波及面则实在是太广太广，只有在上古时期就分离的福建方言中，还残留有一些逃过了第一次腭化魔爪的字。

无论如何，在这第一次腭化以后，中古汉语仍然有为数不少的 k、kʰ、g 配 i、e 等前元音的字，他们仍然具备腭化的潜力。事实上，它们中的大多数在今天大部分汉语方言中，也确实腭化了。对所有语言来说，腭化几乎都是逃不过的宿命，汉语也并不例外。

鼻音

只要说汉语，就前后鼻音不分

南方人说话前后鼻音不分？

前后鼻音不分是什么时候开始的？

山西人爱吃的"擦尖"真是"尖"吗？

上海人为什么把"生煎包"念作"双肩包"？

n、l不分是南方人的说话特征吗？

上海人为什么自称"上海宁"？

南方人说话前后鼻音不分？

风，兖豫司冀横口合唇言之。风，氾也，其气博氾而动物也。
青徐言风，踧口开唇推气言之。风，放也，气放散也。

——东汉·刘熙《释名》

区分前后鼻音一向是南方人学习普通话的老大难问题，特别是如果要参加普通话考试，则更是要下功夫着重训练区分前后鼻音。相对来说，北方人似乎天生就能区分前后鼻音，借助得天独厚的优势，北方人在学习前后鼻音上面几乎不用下功夫，只要稍微想想自己母语里面怎么分就行。

这种对于南北方言的刻板印象在中国由来已久。南方人不分前后鼻音也和"黄""王"不分等成为北方人心中"南方话"的主要特点之一。当然，各地南方人不分前后鼻音的程度可能有些不一样，比较常见的是 in、ing 和 en、eng 不分，段位比较高的才会 an、ang 不分，后者就算在"南方人"里也不多见。大城市里大概南京、长沙和昆明的市民容易出现这种现象，再配合南京特色的 n、l 不分，南京话的"南京"在北方人听来就有点像"狼金"了。

　　所谓前后鼻音，指的是 -n 韵尾和 -ng 韵尾的对立。这样的对立在世界语言中并不算罕见，英语 thin/thing、sin/sing、ban/bang 都是前后鼻音的区分。不过如果学习过英语，可能会发现，就算是分前后鼻音的北方人，也未必能马上掌握英语这些词的区别。这是因为在多数北方方言中，前后鼻音的差别并不完全在韵尾上。除了 -n、-ng 的分别之外，带前后鼻音的韵母往往元音也有一定的差别，譬如普通话里 ang 里头的 a 发音就比 an 里头的 a 要靠后很多。这也就是为什么对于不少中国人来说，觉得英语的"bang"听着有些像"班"，反倒是"bun"听起来更像"帮"。

　　这也是为什么前后鼻音不分也会有段位高低的区分。普通话的前后鼻音中，un/ong、ün/iong、ian/iang 元音差别最大，不能分这些的算是前后鼻音不分中的最高段位，an、ang 元音差别也比较大，分不清楚也算是高段位的一种，而 en/eng、in/ing 元音差异相对较小，不分的人也就非常多了。

　　当然，可能让前后鼻音不分的南方人有所安慰的是，北方话里也有前后鼻音不分的方言，而且段位颇高。"屯"和"同"、"群"和"穷"在山西、宁夏、甘肃、新疆、内蒙古和陕西北部的方言中基本都分不出来，其中的佼佼者甘肃张掖更是顺便做到了"南"和"囊"、"连"和"良"也分不出来（这两组西北其他地区一般可以分），可以说是汉语方言前后鼻音不分的最高境界了。至于"跟"和"庚"、"金"和"京"，不消说大概也可以猜到在这些北方话里是完全同音的。

　　此外，也不要冤枉了全体南方人民。我们得要明确一点，所谓不分前后鼻音的"南方"人，大多数指的是长江流域的南方人。整个长江流域虽然方言复杂，但是从上游到下游连同支流的成千上万种方言中的绝大多数都有些前后鼻音不分的现象。不过要是脱离长江流域，到更南方的闽粤地区，就会碰到不仅能分前后鼻音，甚至前鼻音还能再分出一类的人士。

　　我们首先还是要追溯一下前后鼻音之分的起源。和汉语各方言绝大部分的现象一样，前后鼻音之分也并不是凭空产生的。今天北方话里的 -n、-ng，在古代的汉语里也有。大体而言，普通话的 -n、-ng 继承了中古汉语的 -n、-ng 区别，也就是说，普通话里读前鼻音的字在中古汉语里也读前鼻音，普通话里读后鼻音的字在中古汉语里也读后鼻音。只有零零星星地几个散字和中古时代不同，譬如中古汉语"馨"是后鼻音 -ng，普通话读成了前鼻音；中古汉语"槟"是前鼻音 -n，普通话偏偏读成了后鼻音。

　　如果你还记得我们之前在声调里面介绍过中古汉语中入声和鼻音是配套的，中古汉语的入声有 -p、-t、-k 三类，那么相应的，鼻音也有 -m、-n、-ng 三类。如你所知，普通话和迄今为止所有调查过的北方方言都没有保存 -m，那么 -m 到哪去了呢？答案也很简单，在大多数北方话里，最靠前的鼻音 -m 和稍微后一点的 -n 合并了。

　　也就是说，其实北方话也发生过"前后鼻音"不分。对于大多数北方方言来说，"金""斤""京"三个字当中，"金""斤"同音，都读前鼻音，"京"则读后鼻音。而长江流域的方言中基本上三个字都混到了一起。

闽粤地区的方言情况就大不相同了。譬如在福建南部的厦门话中，"金"读 /kim/，"斤"读 /kun/，"京"读 /kɪŋ/，三者都不同音；广州话中，"金"读 /kem/，"斤"读 /ken/，"京"读 /kɪŋ/，也都不同音；梅州的客家方言中，"金"读 /kim/，"斤"读 /kin/，"京"读 /kin/，和一般的北方话不一样，在梅州话中，"斤""京"同音，"金"的读音则并不相同。

总的来说，鼻音韵尾之分大概遵循这样的原则，华北处于区分的中等水平，西北（包括山西）以及长江流域最不济，华南分得最好。华南地区广州话、厦门话（读书音）、海南文昌话、南宁话之类的方言的鼻音韵尾几乎可以做到和中古汉语完全对应，在中国方言里可算独树一帜。此外，越南语和朝鲜语的汉字读音依托自身的语音系统，也可以做到三个韵尾分立并然，少有舛乱。

不过，不管是"前后鼻音"混乱，还是"前中鼻音"混乱，亦或是"前中后鼻音"混乱，都不需要太过担心，在漫长的语言演变中，很多语言的鼻音韵尾都会发生一定程度的混淆。蒙古文分 -n、-ng，但是现代蒙古语许多方言都发生了 -n → -ng 的变化。譬如蒙古族问好最常用的 ᠰᠠᠶᠢᠨ ᠪᠠᠶᠢᠨ ᠠ ᠤᠤ（sayin bayin-a-uu，你好吗）中的 ᠰᠠᠶᠢᠨ（sayin，好），在内蒙古呼伦贝尔新巴尔虎右旗东南部地区已经变成了 /sæːŋ/。英语的 ten（十）对应拉丁语的 decem，古代印欧语的 -m 在英语中也变成了 -n。哪怕是中古汉语，相比汉语的祖先也仍然发生了一些鼻音韵尾的变化。

如果注意普通话的读音，可能会发现一个有趣的现象，那就是普通话有 ding、ting，但是没有 din、tin，甚至读 ning 的字很多，读 nin 的却很少（除了"您""恁"这种近古以来合音产生的字）。这是由于 i 元音会引发声母的腭化，所以上古汉语的 *tin 在中古时期会变成 /tɕin/，并在普通话里变成 zhen。

因此今天普通话里如"听、亭、钉、宁"这样读 ting、ding、ning 的字，在中古时期韵母并不是 /iŋ/，而是 /eŋ/，所以才未引发声母的腭化，在后来的演变中，/eŋ/ 高化成了 /iŋ/，就填补了 ting、ding、ning 的位置。中古汉语的 /en/ 在普通话中则会变成 ian，如"田、填、天、滇、年"等字都是这样，并没有变成 /in/，因此普通话里也就没有 tin、din，几乎没有 nin 了。

中古时代最像 ing 的韵母似乎是"蒸"的韵母，也就是中古韵书的蒸韵字，其对应的入声韵母则是职韵。更加有意思的是，中古汉语比较接近 in 的韵母有"真"韵和"欣"韵两个（"紧"和"谨"不同音），但是碰上后鼻音 ing 却只有一个"蒸"韵比较像了。

中古的"真"韵和"欣"韵中，"真"韵比较像货真价实的 in，"欣"韵则看上去有些水分，如"欣"字本身在梅县客家话里就读 /hiun/（客家话读 /iun/ 的字涉及上古来源，包含一些上古时代不是 /in/ 在中古已经变成"真"韵的字，如"忍"，这批字在福建方言中往往读音也比较特殊）。"真"韵的"紧"在日语吴音里读きん（kin），朝鲜汉字音读긴（gin），看起来确实是不折不扣的 in，然而"欣"韵的"谨"则日语吴音读こん（kon），朝鲜汉字音读근（geun，eu 表示 /ɯ/），就不那么像 in 了。

相比而言，"蒸"韵的元音可能更接近"欣"韵而非"真"韵。越南语"蒸"韵字的"蒸"读 chưng，"兴"读 hưng，都采用 ư/i/ 来对应汉语"蒸"韵的元音。"真"韵则不同，虽然今天主要读 ân，却在早期材料里面有读 in 的。在早期的越南汉字音中，"真"写作 chin（今作 chân），"信"作 tín。朝鲜汉字音里则"蒸"读증（jeung），"兴"读흥（heung）。也就是说，蒸韵在上古汉语里面并不读 ing，甚至可以说中古早期的汉语也不存在 ing。那么上古的 ing 跑哪去了呢？

我们暂且先略过神秘失踪的 ing，转而关注与 ing 相配的入声韵母，同样神秘失踪的 ik。《诗经·邶风》中有首名为《日月》的诗，开头一句就是"日居月诸"，之后每节皆以"日居月诸"起头。

日居月诸，照临下土。乃如之人兮，逝不古处？胡能有定？宁不我顾。

日居月诸，下土是冒。乃如之人兮，逝不相好。胡能有定？宁不我报。

日居月诸，出自东方。乃如之人兮，德音无良。胡能有定？俾也可忘。

日居月诸，东方自出。父兮母兮，畜我不卒。胡能有定？报我不述。

这首诗是发泄弃妇对负心郎的怨愤。每节开头的"日居月诸"就是对着日月发出感叹，相当于"日啊月啊"。此处的

"居"和"诸"二字上古时期元音都是 /a/，放在这里只是为了记录感叹的 /a/。

然而"居"和"诸"是有声母的，两字在上古时期分别读 *ka 和 *ta。为什么要用这两个字来表示"啊"呢？奥秘在它们前的"日"和"月"。"日"和"月"都是入声字，中古时代都以 -t 结尾。正如今天普通话"天啊"会说成"天哪"，古代的"日"和"月"的入声韵尾发生了连音，因此就把后面的 /a/ 带成了 /ka/ 和 /ta/。

问题来了，中古时期"月"的韵尾是 -t，连成 /ta/ 天经地义，但是"日"怎么会连出 /ka/ 来？要连音成 /ka/，岂不说明《诗经》时代"日"的韵尾不是 -t 而是 -k？

上古汉语的"日"很可能确实韵母是 ik。中古汉语一系列读 in、en 或者 it、et 的汉藏词，在藏文中以 -ng 或者 -g、-k 结尾。如"节（-t）"对应藏文 ꍩ（tshigs，关节），繁体字"節"的声旁"即"也是 -k 结尾；"虱（-t）"对应藏文 ꅩ（shig，虱）；"薪（-n）"对应藏文 ꎤ（shing，树木）；"仁（-n）"对应藏文 ꌉ（snying，心）。也就是说，早在中古以前，汉语就经历了一轮"前后鼻音"混淆，汉语本有的 ing 变成了 in，本有的 ik 变成了 it。

这还不是中古以前汉语鼻音韵尾发生变化的全部。同样在《诗经·邶风》中还有一首《绿衣》：

绿兮衣兮，绿衣黄里。心之忧矣，曷维其已！

绿兮衣兮，绿衣黄裳。心之忧矣，曷维其亡！

绿兮丝兮，女所治兮。我思古人，俾无訧兮。

缔兮绤兮，凄其以风。我思古人，实获我心！

根据押韵规律，最后一句的韵脚应该是"风"与"心"，这两字在中古时期前者收 -ng，后者收 -m，显然是很难押上的。根源是上古一部分 -m 后来就由于出现在圆唇元音 u 后，就变成了 -ng。"風"是个形声字，声符是"凡"，"凡"恰恰就是 -m 尾的字。传统上一直认为楚国王室为熊氏，但是近年出土的竹简里面，却把楚国王室的氏写成"酓"。"酓"是一个 -m 尾的字，通过声旁"今（-m）"就能看出来，而"熊"在中古却是 -ng 尾。然而"熊"也是个汉藏同源词，在藏文中写成 རྫོམ（dom，藏文的 d 来自前缀），缅文中写作 ဝံ（wam），都是 -m 结尾。所以上古时期"酓"和"熊"的语音足够接近，才有假借的基础。今天只有福建一些地方"熊"还读 /him/ 或者 /kʰim/，有一定可能是保留了上古的 -m。

这波从 -m 变 -ng 的风潮可能最早起自今天的山东和江苏北部。东汉人刘熙是今天的山东昌乐人。他在《释名》中专门提到了风在"兖豫司冀"是要"横口合唇言之"，大致意思就是得闭上嘴巴收 -m；但是在"青徐"就得"踧口开唇推气言之"，在当时的山东和江苏北部的方言中，原本的 -m 已演变成了 -ng。

和 ing 变成 in 一样，这一波 -m 变 -ng 的风潮随后波及了全国各地的汉语方言，任何一种汉语方言都没有逃过这些鼻音的变化。所以就算你"前后鼻音不分"，也不必过于着急，因为中国人说的某种意义上都是"前后鼻音不分"的方言。

前后鼻音不分是什么时候开始的？

呼十却为石，唤针将作真。忽然云雨至，总道是天因。

——唐·胡曾《戏妻族语不正》

凡唱，最忌乡音。吴人不辨清、亲、侵三韵，松江支、朱、知，金陵街、该，生、僧，扬州百、卜。常州卓、作，中、宗，皆先正之而后唱可也。

——明·徐渭《南词叙录》

山西人以同为屯，以聪为村，无东字韵。江西、湖广、四川人以情为秦，以性为信，无清字韵。歙、睦、婺三郡人以兰为郎，以心为星，无寒、侵二字韵。

——明·陆容《菽园杂记》

我们之前提到早在上古时代，汉语的鼻音就经历过一轮混淆，不过这轮混淆并没有彻底打破汉语鼻音三分的整体格局。到了中古时代，汉语的"前中后鼻音"算是稳下了阵脚，继续

维持了 -m、-n、-ng 三强鼎立的格局。

如果从官定标准看，-m、-n、-ng 前中后鼻音三分从中古最早的南北朝时期一直延续到了明朝早期，前后跨度长达一千年。在这一千年中，无论是《切韵》《广韵》还是《集韵》《蒙古字韵》《中原音韵》甚至《洪武正韵》，三个鼻音全都分立俨然。在这一千多年间，汉语的入声韵尾体系发生了崩溃和重组，但是原本和入声相配的鼻音则稳坐钓鱼台，仿佛不为所动。这倒也谈不上不合理，毕竟从明朝到现在又过了好几百年，今天的广州话仍然几乎一动不动地维持了中古时代的三个鼻音尾巴。

然而官定标准是一回事，实际上怎么说话，可能就不见得如此了。

提到明朝的汉语，有个外国人却不得不提，他就是金尼阁。金尼阁本名 Nicolas Trigault，出生于今天的比利时杜埃，是第一位到中国的法国籍耶稣会传教士。为了给他的后继者们方便，他编写了汉语教科书《西儒耳目资》，宣称自己教的是当时中国正统的南京官话。以金尼阁本人的经历来看，这是顺理成章的事。

金尼阁于 1610 年抵达澳门，在肇庆短暂停留后于次年秋来到南京。他的汉语老师是两个来自意大利的外国传教士，高一志（Alfonso Vagnone）和郭居静（Lazzaro Cattaneo）。两人来华后都长期在南京地区活动，以常理推断，他们在中国所学的汉语应该是南京地区的方言，传授给金尼阁的大概也是他们所熟悉的南京话。

和当时的其他一些传教士一样，金尼阁为了在中国传教方

便，往往以儒家学者的身份示人；又因为来自西方，所以自命
"西儒"。《西儒耳目资》究竟是不是真实的南京话暂且不论，但
是金尼阁长期在华活动，无疑对当时中国流行的语言会有一定
把握。而在金尼阁的拼写中，中古汉语的 -m 已经全军覆没，
和 -n 发生了合并，"心"和"新"都拼写成了 sīn。

准确地说，《西儒耳目资》在拼写上有大量的 -m 尾，但是
这些并不代表真正的 -m 韵尾。在《西儒耳目资》中带 -m 的字
大多在今天的北方话中读为后鼻音 -ng，因为《西儒耳目资》所
要描写的南京官话在当时只剩下了 -n、-ng 两个韵尾，因此金尼
阁决定直接把 -ng 韵尾写作 -m 而已，如"京"就写成 kīm。这
可能和金尼阁的个人背景有关。他熟悉法语，法语拼写中 -m 表
示元音鼻化，听起来和汉语的 -ng 比较像，因此在他看来，这
是一种相当妥当的方法。

《西儒耳目资》的面世说明此时的官话大概确实已经没
有 -m 的容身之地了。由于金尼阁是外国传教士，他整理的汉语
读音不像中国人自己整理的经常会有复古倾向，更能反映当时
实际通行的语音。

不过此时要是能分 -m、-n、-ng，大概仍然可算语音纯正，
高人一等。我们能了解到当时人的心态还是得亏明朝流行昆曲。
咿咿呀呀的昆曲在今天算是颇为小众的娱乐，就算在诸多戏曲
中也颇为冷门。但是在明朝，昆曲则一度唱响大江南北。

和常见的误解不同，昆曲并不是江苏昆山的地方戏。虽然
名字上带了"昆"字，也确实脱胎于早期的昆山腔，但是自从
魏良辅改造昆山腔为水磨腔的昆曲诞生以来，它就丧失了简单

的地域属性，变成了在全国士大夫阶层中流行的戏曲。

由于昆曲全国性戏曲的崇高地位，昆曲的唱腔自然不可能使用昆山地区的方言，因此昆曲的演唱和念白语言多是使用当时的官话，只有戏中的丑角才会在念白时使用各类方言，如京白、苏白等。由于算是士人雅乐，昆曲对演唱过程中的字音相当讲究，因此也出现了一批专门教人昆曲字音的曲韵韵书。

以今天的观点来看，这些曲韵的韵书往往有些晦涩难懂，甚至会出现体系上的紊乱，语音分析水平远不如早于它们几百年的《切韵》《广韵》一系的中古韵书。如被奉为圭臬的昆曲韵书《韵学骊珠》中甚至于会出现“白，北叶排”这样的注音，意思是昆曲北曲中“白”要读“排”。主流的北方官话里“白”当然不会读“排”，类似这样难懂的注音可能得需要一些江南吴语的知识才能理解 —— 和北方话“排”声母一般是 /pʰ/ 不同，在苏州话里，“排”的声母是 /b/，和“白”的声母一致。身为苏州人的作者沈乘麔自己知道北方话里原本的入声字韵母读法和南方不同，但是在选择注音字的时候却不当心选了只有江南人才容易理解的“排”字。

不过其他方面不论，所有的明朝指导昆曲发音的材料都要求分清 -m、-n、-ng，甚至不惜反反复复举例强调。

从昆曲行家们留下的记录来看，虽然贵为昆曲发源地和重要中心，明朝的苏州地区却已经成了 -m、-n 不分的漩涡，甚至 -n、-ng 也分不清楚，已经和今天的江浙地区人说话状态差不多。绍兴人徐渭对此痛心疾首，他表示：“凡唱，最忌乡音。吴人不辨清、亲、侵三韵，松江支、朱、知，金陵街、该，生、僧，扬州百、卜。常州卓、作，中、宗，皆先正之而后唱可也。"

此处的"吴"指的是吴县，也就是苏州。从当时的描述可以看出，苏州不但 im（侵）已经消失，而且和 in（亲）、ing（清）都发生了混淆，已经演变到了今天长江流域的"南方话"的状态。另外几处被点名批评的地方也是由于当地方言和"正统官话"出现了不合现象，有趣的是，这些现象往往今天在当地仍然如此。松江大约是由于"支、朱、知"都同音，今天上海地区不少地方确实这样（上海市区今天都读 /tsʅ/）。南京大概是由于当时的南京话"街"读 /kai/，和"该"同音，这一点今天南京周围的方言很多还是如此，另外南京话平卷舌分法和北方话不同，"生"读平舌音，和"僧"同音。扬州是因为"百""卜"都读 /poʔ/。常州是"卓""中"不读卷舌音，和"作""宗"分别同音。这些都属于在演唱时需要留意的"语病"。

明末吴江人沈宠绥为了能让吴人分清三个鼻音尾可以说操碎了心，他在《度曲须知》中专门提道：

收鼻何音？吴字土音。（吴江呼吴字，不作胡音，另有土音，与鼻音相似。）

闭口何音？无字土音。（吴俗呼无字，不作巫音，另有土音，与闭口相似。）

抵舌何音？你字土音。（吴俗有我侬、你侬之称，其你字不作泥音，另有土音，与抵舌相似。）

在吴江方言中，"吴"读 ng，"无"读 m，"你"读 n，所以正与收鼻（-ng）、闭口（-m）、抵舌（-n）一致。但是用如此迂回的方法讲解，反过来说明当时吴江人分辨鼻音尾已经非常困难了。清朝初年的吴江人钮琇在广东高明当过官，他记载"通水之道为圳（-n），音浸（-m）"，广州话"圳"说 zan，"浸"说 zam，并不同音，钮琇应该是受到自己家乡吴音的影响，-m、-n 分不清楚。

不过鼻音混乱在明朝已经蔚为大观，也远远不限于吴地。

《菽园杂记》是明朝成化年间陆容的笔记，陆容是江苏太仓人，成化年间考取进士，后长期在各地为官，素来有博学的名声。仅就《菽园杂记》中对各地方音的描述就可以看出，陆容至少接触过全国许多地方的人，并且对他们的语音具有相当敏锐的洞察力。

可能是因为经常听到北方人笑话南方人"黄""王"不分，身为南方人的陆容相当不悦，他提出"殊不知北人音韵不正者尤多"，并开始挑各地人说话时在他看来会有的"毛病"。

其中他提道："山西人以同为屯，以聪为村，无东字韵。江西、湖广、四川人以情为秦，以性为信，无清字韵。歙、睦、婺三郡人以兰为郎，以心为星，无寒、侵二字韵。"在他看来，鼻音韵尾发生混淆是当时已经出现在全国许多地方的"语病"。

从中可以看出，西北特色的 un、ong 不分在当时已经颇成气候，而长江流域中上游 in、ing 也已经不分，皖南和赣东北更有出现了 an、ang 不分的高段前后鼻音不分。

反过来说，在陆容生活的年代，他家乡太仓的方言 -m、-n、

-ng 三个鼻音韵尾应该还分得相当清楚，否则他大概也没有抨击其他地方方言的底气。这也不是没有旁证：徐渭作为绍兴人能够批评苏州 -m、-n、-ng 不分，大概说明绍兴自己得能分；同期昆山人和定海人自己编写的方言韵书中，仍然还是能够区分三个鼻音尾巴。不过方言韵书经常有泥古的现象，更直接的证据来自晚明湖州人凌濛初。他明确说："其廉纤、监咸、侵寻闭口三韵，旧曲原未尝轻借。今会稽、毗陵二郡，土音犹严，皆自然出之，非待学而能者；独东西吴人懵然，亦莫可解。"苏州自古号称东吴，湖州则号称西吴。凌濛初自己承认家乡人和苏州人已经难以体会什么是闭口韵（-m），说了也是发懵。但是方言接近的会稽（绍兴）、毗陵（常州），此时本地土话中 -m 仍然保存完好，按照土话开口就符合正音，不需要专门学习。

　　如果本来方言就能分辨 -m，那么对于唱曲来说，今天昆曲理论上仍然要求分出 -m、-n、-ng。但是由于现在唱昆曲的人本身的方言分不出来，所以只能死记硬背，尤其是普通话对区别 -m 和 -n 也帮不上忙。这样的死记硬背还很难投机取巧，明朝就曾经有人因为投机取巧闹过笑话。

　　明朝有位著名的北曲曲师顿仁，籍贯不详，可能是元灭后没入南京教坊的元人后代。大概在正德年间明武宗南巡，入为供奉，后随明武宗返回北京，晚年被松江人何良俊聘请为家班乐师。何良俊对他颇为尊重，称他为老顿。由于工作性质的缘故，顿仁平时"《中原音韵》《琼林雅韵》终年不去手"，也就是成天背标准读音，因此顿仁的发音相当准确，何良俊评价为："故开口闭口与四声阴阳字八九分皆是。"

然而某天唱曲正好遇到了"毡"字，顿仁直接就唱了-m。何良俊指出这个字不是-m尾的。顿仁很自信地说自己"于韵上考索极详，此字从占，当作闭口"。也就是说，既然声旁是"占"，"占"是-m收尾的，所以"毡"自然也应该是-m。

投机取巧的顿仁没有料到，"毡"其实是个古代的简化字，正字是"氊"。这个字原本的声旁"亶"是个收-n的字，所以"氊"也应该是-n尾。只有-m、-n混淆才会诞生"毡"这样的简化字。反之这个字的出现本身就说明了当时-m、-n混淆已经相当严重，素来以自己音韵造诣自诩的老顿掉进了这个陷阱。而当时的松江口语大概就能分-m、-n，何良俊并不需要强行背，自然也不会根据声旁投机取巧，就能迅速指出问题。

因此，综合来说，虽然今天江浙人不分前后鼻音，但是在明朝中晚期，江浙各地对鼻音尾巴的分辨能力正处于激烈退化过程中：有的地方如苏州已经和今天一样乱成一锅粥；有的地方却比北方人还要强一些，能够分辨三个鼻音韵尾。

不过一如既往，引领时尚潮流的苏州最后取得了胜利。到了清朝江浙地区分得清前后鼻音的势力就日渐衰微。清朝乾隆年间的沈乘麐和陆容一样都是太仓人。不过与陆容一点都没提太仓人韵尾分辨有问题不同，沈乘麐在《韵学骊珠》中提到，太仓南城"干读冈，寒读杭"，已经一跃而至前后鼻音不分的高段位。本来因为严格区分-m、-n、-ng被凌濛初盛赞的常州，清朝初年本地人是奎所著的《太古元音》中，-m已经大有消失迹象。乾隆年间的《吴下方言考》中，-ng和-n已有混淆嫌疑。晚清《儿女英雄传》里出现了用北京话记录常州话的文段，里面把常州话的"请"用北京话"寝"注音，"能"用"呐恩"两字合音注音，显然已经 ing、in 和 eng、en 不分了。

　　类似晚明江浙地区，这样分前后鼻音和不分的地区插花式分布，在今天的中国也仍然可以看到。陆容说江西人把 ing 读成 in，这对于江西大部分地区是成立的，但是在江西进贤、安义、万年、都昌、宁都等地，ing 和 in 并没有合并，其中安义也保留了 -m，所以"金、斤、京"都不同音。抚州一带则保留了 -m，虽然"斤""京"相混，但是"金"保持了独立。

　　虽然从南北朝到明朝的正音都要 -m、-n、-ng 三分，但是混淆的痕迹在更早的时候就已经出现。元朝《中原音韵》前记录了一些各地语病，其中不少是涉及 -m 尾并入 -n 尾的，譬如就有"针有真""侵有亲""庵有安""监有间""詹有毡""纤有先"。《中原音韵》作者周德清是江西高安人，他家乡的方言至今仍然有 -m，这个警示并不是为了提醒自己，而是可能当时这样 -m 消失的方言已经颇具规模。

　　我们甚至能在唐朝找到 -m 消失的征兆。晚唐胡曾曾经戏谑过自己的妻子，说她家族："呼十却为石，唤针将作真。忽然云雨至，总道是天因。"这首诗其实是调侃胡曾夫人家族语音上的几个问题，即"十（-p）""石（-k）"同音，"针（-m）""真（-n）"同音，"因（-n）""阴（-m）"同音，都是韵尾发生了混淆。

　　可惜的是，今天我们虽然能读到胡曾的这首游戏之作，却已经不能得知胡曾的夫人到底是哪里人，因此我们不能从这首诗中推测到底是哪里的方言已经发生了 -m、-n 的混淆。可以知道的是，胡曾本人是邵州邵阳人，既然他作诗调侃了夫人"前后鼻音不分"，大概可以推知当时的邵阳方言自身应该是可以分的。鼻音混淆在中国各地的方言中经历了漫长而复杂的过程。

那如果你是北方人，可能会想知道，作为汉语的发源地，难道那么大的北方就没有一处地方还保留了 -m 吗？就没有一处地方能像南方零碎保留 -m 的岛状区域那样保留 -m 的吗？

截至目前，北方进行的所有方言调查都没有发现能够以原状保留中古汉语的 -m 的方言。如果不计朝鲜汉字音，江西鄱阳湖以南的几处地方大约是目前 -m 保留的最北区域。然而，中古的 -m、-n 之别也确实没有在北方完全消亡。

这片狭小的保留了古代 -m、-n 之分的区域在黄河晋陕交界段南侧的两岸，以陕西韩城和对岸的山西河津为中心，略向南扩展到陕西合阳。

陕西人经常开玩笑说韩城人买"盐（-m）"说成买"羊（-ng）"，虽然是玩笑话，但却说出了韩城方言的一大特点——其他北方话的 -n 在韩城经常变成 -ng。

然而韩城的这个变化并不是随意瞎变，韩城所有变成 -ng 的字其实都是古代收 -m 的字。在韩城，-m 发生了和北方其他地方都不一样的变化，-m 并没有和 -n 合并，而是并进了 -ng。所谓把"盐"说成"羊"，其实就是本来的 iam 变成了 iang，听上去和陕西其他地方的羊读音比较像。

韩城人不光把"盐"说成 /iaŋ/，还把"三月"说成 /saŋ/月，把"镰刀"说成 /liaŋ/ 刀，把"甜"说成 /tʰiaŋ/，把"蘸"

说成 /tʂaŋ/，把"枕头"说成 /tʂɤŋ/ 头，把"淋"说成 /liɤŋ/，把"心"说成 /ɕiɤŋ/。这样韩城人也就和河对岸的河津人一样成为北方近乎绝无仅有的分 -m、-n 的人群了。

山西人爱吃的"擦尖"真是"尖"吗?

更使他莫名其妙的是,小长工把"狼"叫作"骡"……

—— 当代·陈忠实《白鹿原》(1993 年)

小时候我家住在老城一个小黑浪(巷)里,邻居是个圪料(翘)人。有一天我放学回家,他家的狗正冲我卜来(摆)尾巴,我就过去想不捞(抱)它。没想到还没靠近,邻居就冲了出来,手里拿着木头圪榄(杆)就要打我。我被逼到一个圪崂(角)里,眼看无路可逃,随手抄起一把不浪(棒)就和他干了起来。也不知道哪来的力气,我竟然打得他毫无还手之力,他的撂(调)过头就跑,结果被一个圪棱(梗)子不烂(绊)了一下,跌倒在地上,疼的满地骨拢(滚)。我妈听到动静,赶紧过来把我拨拉(扒)开,说"你是不是忽龙(昏)了心了,怎么打人? 赶紧给我把不浪卜料(摆)了"。我委屈的很,明明是他先打我……

—— 当代·Hynuza(山西汾阳人)

　　山西素以面食大省出名，在山西各地有一类极其常见的面食，总称为"某尖"或者"某节"，大体上都是用面制成的汤饭。我们暂时按照山西省城太原的常见用法，把这类面食称作"尖"。常见种类有擦尖、剔尖、抿尖、切尖、波尖，大体是山西人用不同的工具和操作方法做出来的各种形状的"尖"。

　　在山西省城太原，"尖"读 /tɕie/，接近汉语拼音的 jie。在太原话中，"街"也是读这个音，也就是说，"尖"本来有的鼻音在太原话中已经消失了。

　　我们之前已经看到了中古时期的鼻音是如何一步步合并的。鼻音的变化不仅仅是合并，在许多方言中，鼻音也会变得越来越弱，直至趋于消失。

　　这并不值得奇怪。既然入声的 -p、-t、-k 可以丢得一个不剩，那么鼻音韵尾自然也可以脱落。普通话的 an、en 在很多北方方言中实际上 -n 也已经变得很弱，an 变成了 /ã/，en 变成了 /ẽ/，这种发音非常普遍，徐州、安徽北部、山东西部、关中等地都是如此，因此这些地方的人虽然普遍能分普通话的前后鼻音，但是前鼻音听起来总是和普通话有点差别。

　　类似的弱化还发生在成都。在 20 世纪中期以前，成都话的 an 和重庆话一样是扎扎实实的 an，但是现在的成都话 an 已经变成了 /æ/。重庆人听起来这仿佛在发嗲一般，成都人娇滴滴的"好 /fæ/（烦）嗒！"可以让他们毛骨悚然。这个音也被戏称为"梅花音"，现在已是分辨相对接近的成渝两地方言的最鲜明的特征。

　　江浙地区更是鼻音丢失的重灾区。"三"说 /sæ/ 在江浙已经算是司空见惯。"关"和"官"也普遍丢了鼻音，如常州话"关/kuæ/ ≠ 官/kuɤ/"。宁波和台州"江"也说 /kɔ̃/，处于鼻音彻底脱落的边缘。到了温州"江"就彻底没了鼻音，温州话"江"就读 /kuɔ/，和"交"同音。更厉害的是"温"在温州话里也丢了鼻音，读 /ʔjy/，"温州"在温州话的读音和普通话的"淤究"差不多。

就算是鼻音保留得非常好的闽南方言，其实也只是读书的时候鼻音特别严整，口语读音反倒没那么讲究。如"三"，口语读音是 /sã/，只有用在"三国"这样的场合才会说 /sam/。源自闽南的海南话，"三"就彻底丢了口语中的鼻音，读 /ta/。

我们说回山西的"尖"。鼻音脱落虽然让太原的"尖"变成了 /tɕie/，太原也确实把这类面饭称作 /tɕie/，但是 /tɕie/ 这个音在太原话里对应了一大堆字，面饭真的就是"尖"字吗？

不幸的是，太原人可能真的写错了字。虽然太原话里面饭和"尖"是同音字，但是山西其他地方就不一定了，譬如汾阳，"面饭"叫 /tɕia/，"尖"是 /tɕi/，显然对不上号。更加麻烦的是，太谷话"尖"是 /tɕiẽĩ/，还有鼻音的痕迹，"面饭"则是 /tɕie/，根本没有鼻音了。

因此，我们有理由相信，山西流行的面饭 /tɕie/ 并不是"尖"丢了鼻音形成的发音。"尖"在山西话里丢了鼻音应该是相对比较晚近的事，在太谷等地还有鼻音的残存。面饭显然不是这种情况，在今天晋中地区，面饭已经都不带鼻音了。

不过值得注意的是，晋中地区还有另外一类丢鼻音的现象。这类字以"杏"和"耕"为代表。太原话"杏"读 /ɕie/，"耕"

读 /tɕie/（由于太原话这个读音和"藉"相近，因此还有误认为是"藉地"的），汾阳话则"杏"读 /ɕia/，"耕"读 /tɕia/，太谷话则"杏"读 /ɕie/，"耕"读 /tɕie/。三地"杏""耕"和"面饭"的韵母都相同。

和"尖"不同，这些后鼻音的字在晋中地区丢鼻音似乎时日已久，各地都已经不带鼻音了，而且往往作为口语读音存在，读书时则有个更接近官话的带鼻音的读音。你可能已经发现，其中"耕"和面饭的读音在几个地方是完全一致的。当然不会有人把面饭叫"耕"，不过"羹"是不是就比较像是面饭了？山西人称呼面饭的 /tɕie/ 其实就是"羹"。无论从含义还是读音，"羹"都比"尖"要合适得多。只是大部分山西人已经难以反应过来，他们口语中的 /tɕie/ 其实本是"羹"的本地读音了。

这一类字的读音甚至不局限于山西，而是也分布在黄河对岸的陕西。西安话里面"挖掘"说 /tɕie/，本也是"耕"，经常因为读音被误认为"揭"。西安话还把"歪着挡路"叫 /ɕye/，"反正"叫 /ɕye/ 顺，"蛮横"叫 /ɕye/，"多占地"叫 /ɕye/ 地，"歪着"称 /ɕye ɕye/ 子，这些听起来像拼音 xue 的其实都是"横"字。这其实是古代西北方言后鼻音脱落在西安方言中留下的最后的残迹之一。对于多数西安人来说，"横"字读 /xuoŋ/，和"哄"同音，口语中的 /ɕye/ 和"横"字难以建立联系，无形中却为这个读音传下创造了有利的条件。

如果说西安话只是少数几个词里面掉了鼻音，山西中南部、陕北和关中东北部的各县区 -ng 脱落简直成了常例。如：

	合阳	韩城	临汾	孝义	祁县	汾西
狼	lo	luɣ	lɔ	luɣ	la	luɯ
墙	tsʰio	tɕʰʏɣ	tɕʰyɔ	tɕiɛ	tɕia	tɕʰi
汤	tʰo	tʰuɣ	tʰɔ	tʰuɣ	tʰa	tʰɯ
放 / 房	fo	fuɣ	fɔ	xuɣ	xo	fu
桑	ɕʏɣ	suɣ	sɔ	suɣ	sa	suɯ
张	tʂo	tʂuɣ	tʂɔ	tʂɛ	tsa	tsɯ
糠	kʰɣ	kʰɣ	kʰɔ	kʰuɣ	kʰa	kʰɯ
窗			tʂʰɔ	suɣ	so	tsʰu
巷			xɔ	xuɣ		xɯ
羊	io	ʏɣ	yɔ	iɛ	ia	i
生 / 甥	sɣ	ʂɑ	sɣ	ʂa	sɿ	sei
冷	liə	lia	lɣ	lia	li	lei
杏	ɕiə	xɑ	ɕiɔ	ɕia	ɕi	xei
棚	pʰiɣ	pʰia	pʰɣ	pia	pi	pʰei
横	ɕɣɣ	ɕya	xuɔ	ɕya		xei
声	ʂə	ʂle	sɣ	ʂl̩	sɿ	sei
命	miə	mie	miɛ	mi	mɿ	mi
听	tʰiə	tʰie	tʰiɛ	tʰi	tʰɿ	tʰi
兄			ɕyɛ	ɕy	ɕyu	

　　要说这些晋陕方言为什么不约而同都没了鼻音，答案倒也不难——它们丢鼻音的进程在唐朝就已经开始，丢了一千多年丢得一干二净也就不足为奇了。山西方言是一种保守、相当有特色的语言，譬如开头引用的那一段山西话就充斥着分音词和圪头词，这些现象在北方方言中都以山西地区最为突出。

　　各地方言在鼻音方面有所龃龉，早在上古就是如此。汉朝郑玄就曾经提道："齐人言殷声如衣。"不过这个更有可能涉及上古时代其他韵尾的变化，对鼻音整体格局影响不大。然而到了唐朝，中国西北地区的方言却出现了非常可观的鼻音脱落现象。

中晚唐以前，现在大多数北方话读 -ang 的字在藏文中也用 -ang 注音。如大昭寺前的唐蕃会盟碑，立于公元 823 年，碑文中"皇帝"用藏文拼写为 ཧྭང་ཏེ（hwang te）。

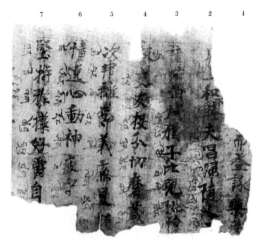

罗常培《唐五代西北方音》中所引汉藏对音《千字文》残卷

中晚唐时期开始，藏文记录的汉字读音开始发生变化，藏族人开始用 -o 来记录汉语的 -ang。

《千字文》里面的"墙"用了藏文 ཛོ（dzyo）注音，"象"用了 ཤྱོའོ（syo'o），"傍"则用了 བོ（bo），同时也偶尔出现用 -ong来写 -ang 的情况，如"帐"就写了 ཅོང（chong）。敦煌汉人自己用藏文拼写的《游江乐》中则把"恍惚"拼成 ཁོ ཁྭར（kho khwar），"扬州"拼成 ཡང་ཆུན（yang chun，可能误记为"阳春"），"长江"拼成 ཇོང་ཀང（jong kang），"双"拼成 ཤོང（shong）。可能作者作为汉族人，有这些字在正音里面应该有后鼻音的意识，因此脱落现象要稍微轻一些，但是也已经有"恍"这样完全脱落的字了。

同样是在《千字文》中，其他的 -ng 尾韵母也发生了类似的脱落现象，只是也像 -ang 的变化一样不那么彻底。"精"用了藏文 ཙྱེ（tsye）注音，"星"用 སྱེ（sye）注音，"京"则用 ཀེ（ke）注音，可是"明"的注音却是 མེང（meng）。让写作者犹豫的原因可能是，此时西北方言这些字还有鼻化，听起来介乎有 -ng 和没有 -ng 之间，无法用藏文准确表记，就只好有时写 -ng 有时不写了。

发现这个变化的还不光是藏族人。晚唐五代敦煌以西有一股以今天吐鲁番为中心的强大势力，即高昌回鹘。自公元 840 年本来活动于蒙古高原的回鹘汗国被黠戛斯攻灭西迁后，大批回鹘人西迁至吐鲁番盆地附近，高昌回鹘作为一方势力一直活跃到公元 13 世纪归顺元朝为止。

在唐朝灭麴氏高昌前，汉语已经是吐鲁番盆地的通行语言。又经过唐朝数百年治理，当地留下大量汉语来源的地名。高昌回鹘迁移至吐鲁番盆地后，直接沿用了当地的汉语地名，并且采用回鹘字母拼写，因此也就保留了晚唐时期当地地名的汉语发音。这其中不少地名甚至沿用到今天。只是今天这些地名大多根据回鹘语的后代维吾尔语的发音回译回近代汉语，往往已经变得面目全非了。

如今天的"鲁克沁"在回鹘文中写作 Lükčüng，本来是自汉朝就有的地名"柳中"；"七克台"回鹘文写作 Čiqtïn，本是唐朝的"赤亭"。当然最重要的地名则是高昌回鹘的都城 Qočo（回鹘语的 q 是一个比 k 更靠后的小舌位置的辅音），大概不用很费力就可以猜到 Qočo 的来源自然是沿用历史悠久的当地地名"高昌"，其中"昌"已经变成了 čo。公元 10 世纪晚期，于阗派往敦煌使团的使者张金山用粟特字母签了自己的名字，其中"张"拼写为 cā，也是丢了鼻音的写法。

把西北方言这一特征体现得更为淋漓尽致的还有回鹘文版本《玄奘传》。玄奘大师当时在高昌回鹘广受尊崇，记录玄奘一生事迹的《玄奘传》也被翻译成了回鹘文。《玄奘传》全称《大唐大慈恩寺三藏法师传》，由玄奘弟子彦悰法师于公元 688 年整理完成。回鹘文《玄奘传》由胜光法师（Šiŋqo Šäli Tutung）翻译，大约在公元 10 世纪和 11 世纪之交完成。可以看出胜光法师本人就把"光"写成 qo，已经缺失了鼻音。

胜光法师是别失八里人，别失八里是回鹘语"五城"的意思，大概是以今天的吉木萨尔县为中心的区域。

长久以来回鹘文《玄奘传》一直处于失传状态。1930 年左右，在新疆南部某个县城的巴扎里居然有人售卖回鹘文《玄奘传》。幸运的是，很快就有慧眼识珠的买家买下，可惜后来部分被携往欧洲变卖。

回鹘文版的《玄奘传》全称"Bodisataw Taito Samtso Ačarining Yorïghïn Oqïtmaq Atlïgh Tsï-ïn-čüin Tigmä Kawi Nom Bitig"，即"名为说明菩萨大唐三藏法师的慈恩传的经书"。从翻译质量看，胜光法师精通汉文和回鹘文。仅仅在题目中，就出现了 Taito（大唐）、Samtso（三藏）两处鼻音脱落的拼写。玄奘法师的法号则被拼为 Hüintso，不出意外，"奘"的 -ang 也已经变成了 -o。

　　同样在回鹘文《玄奘传》中，洛阳被拼为 Laghki，也就是"洛京"的转写，也出现了鼻音丢失的现象。这一特征在宋朝西北地区仍然很常见。陆游曾经说过："四方之音有讹者，则一韵尽讹……秦人讹'青'字，则谓'青'为'萋'，谓'经'为'稽'。"此时这个西北特色的读音在秦地继续稳定存在。到了明朝陆容批评各地方言毛病的段落中还有"山西人……以青为妻"，和今天的山西以及陕西部分地区的发音还颇为合拍。

　　明朝以后，西北地区的方言受到了越来越强的华北方言的影响。和西北不同，华北地区的方言 -ng 非常稳固，从中古到当下都没有明显的弱化现象。因此在华北方言的影响下，西北地区这些已经鼻音脱落的字又借了华北地区还保留鼻音的读音。今天甘肃、青海、宁夏、新疆的方言已经几乎找不到这样后鼻音脱落的现象了，只有交通相对隔绝、外来移民又较少的山西以及陕西部分地区，才仍然能明显地保留中古西北方言的遗风。

　　交通便利的地方，如西北第一大城市西安的方言中，这种后鼻音的特殊变化已经接近完全消失。西安口语中大概只剩了"横""耕""蹦（读 /pie/，跳的意思）"等极少数的几个字有这种现象。这些字在大多数西安人的语感里已经和汉字读音失去了联系，所以并没有被强大的华北影响荡清。

　　然而在西安周边的地名，仍然保留着一些西北方言的遗风。如西安西南郊的兴隆村，本地人称"龙王河"，"龙王河"已经变成了"/luɤ²⁴/（罗）河"；鄠邑区的养老宫村，村名源自元朝修建的道观养老宫，但是当地方音为"/yɤ³¹/（约）罗宫"；陈兵坊又名"陈平坊"或"陈坪坊"，一说和汉朝曲逆侯陈平有关，一说和唐朝平阳公主陈兵于此有关，在当地方音为"陈 /pei^{31}/（伯）坊"。这类地名中的残留在关中地区离西安较远的澄城、大荔、白水、合阳、韩城等地更多，譬如澄城的"永内"当地读"/y^{55} næ^{55}/（育奈）"，大荔的"步昌"当地叫"步 /ɕyɛ^{55}/"。也幸亏有这些一代代口口相传的地名，我们才能有幸听到一些古代遗音。

虽然在大部分地区，源于中古西北方言的后鼻音脱落并没有留下太多痕迹，然而"打"字却是个例外。这个声旁为"丁"的常用字在中国绝大部分方言中已经丢了鼻音，只是在江浙地区"打"还有鼻音，如上海话的"打"外地人听起来有些像普通话的"党"。这得归功于唐朝长安城的影响力。这座辐辏四方的世界级大都会使用西北方言，"打"在长安话里丢了鼻音，并通过长安话的影响力最终改变了中国大部分人口中"打"的读音，也让全国大多数人的口语里留下中古西北方言的踪迹。

上海人为什么
把"生煎包"念作"双肩包"？

其声大率齐韵作灰，庚韵作阳，如黎为来，声为商，石为铄之类，与江南同，乃出自然，益信昔人制韵释经之不谬。

——明·[嘉靖]《兴宁县志》

"庚耕清青"诸韵合口呼之字，他方多误读为"东冬"韵。如"觥"读若"公"，"琼"读若"穷"，"荣萦荧"并读若"容"，"兄"读若"凶"，"轰"读若"烘"，广音则皆"庚青"韵，其善四也。

——清·陈澧《广州音说》

拜网络语言"恰烂钱"所赐，现在全国人民都知道湖南人把"吃"说成 /tɕʰia/。上海则流传着"生煎包"和"双肩包"在上海话里同音的笑话。实际上一般上海人会把带馅的包子称作"馒头"，许多上海人也能够区分"生 /sã/"和"双 /sã/"，只是在北方人听起来两个字都像 sang 罢了。

我们暂时把湖南话放一边，把注意力集中在上海"生煎包"

上。长江流域的方言普遍有前后鼻音不分的现象，也就是说普通话的 en/eng 和 in/ing 在长江流域的很多方言中分不太清。譬如苏州话"新"和"星"就是完全的同音字。尽管如此，普通话读 eng、ing 的一部分字在这些地处南方的方言中却存在另外的读音。如"饼"在江西南昌方言中读 /piaŋ/，和"摈 /pin/"不同；"星"则读 /ɕiaŋ/，不同于"新 /ɕin/"。上海话"生 /sã/"和"深 /səŋ/"并不同音；"樱"则读 /ʔã/，也和"音 /ʔiŋ/"不一样。

如果你对山西人掉鼻音的字还有记忆的话，就会发现南方这些读音比较特殊的字在山陕地区也是掉鼻音的字。而且和大多数华北地区的方言不同，山陕方言中这些字掉了鼻音以后对元音的区分相对更细致。譬如普通话里韵母相同的"生"和"声"，在这些方言中不少都并不同韵，如韩城的"生 /ʂɑ/ ≠ 声 /ʂle/"；"扔"在韩城更是读 /zɿ/，和"生""声"都不同韵。

事实上，西南地区虽然这些字的数量远远不及东南、中南以及山西，但是也有几个颇好玩的例子，如四川人把"横"说成 /xuan/，和"还"读音一样，用在"横起走""扯横筋"里。

陕西、东南、中南、西南地理上相距遥远，不大可能这些字集体出现巧合。出现这么多和普通话的韵母大不相同的字，实在是因为普通话的 eng、ing 两个韵母来源太复杂了。

这两个韵母在《广韵》中涉及"登蒸耕庚（二）清庚（三）青"一共七个韵母（庚韵分二等和三等两个韵母）。也就是说，这七个韵母的合并形成了今天普通话的 eng、ing 两个韵母。然而在其他地区的方言中，这七个韵母未必按照普通话和华北地区的通行模式合并，这样就产生了方言之间的种种区别。

这七个韵母大体可以分为两类，"登蒸"为一类，"耕庚（二）清庚（三）青"为一类。相对而言，各地方言"登蒸"读音特殊的并不多，绝大部分还是老老实实地读 eng、ing 或者类似的音，宋朝人将这两个韵归为一类，称为"曾摄"。读音特殊的主要是后一类韵母，宋朝人把这类韵归为一类，称作"梗摄"。

中古时期，这两大类的元音有相当差别，基本不会发生互相混淆的现象。曾摄的状态较为简单，特别是中古后期以后，登韵和蒸韵大致分别和今天北方话的 eng、ing 两个韵母的读音相差不远，因此各地方言的读音也就比较类似。而梗摄则大不相同，在中古早期，梗摄各韵母的主元音大约都分布在比较靠前的位置。中古后期经过整合大体形成了 /ɛŋ/ 和 /iɛŋ/ 两个韵母，和曾摄的 /əŋ/ 以及 /iŋ/ 相对立。

此时曾摄和梗摄的韵母相对接近，一不留神就会发生混淆。混淆果然出现了——宋代以后，华北地区的方言曾摄和梗摄发生了合流。举个例子，本来读音不同的"朋"和"棚"发生了合并，本来读音两样的"菱"和"铃"也并到了一起。

但在南方地区和西北地区，它们接下来并没有朝着合并的路线走。在南方很多地方，梗摄维持了独立的地位，/ɛŋ/ 没有串进其他韵母，如闽南话"棚"就读 /pɛ̃/~/pĩ/。同样是在福建，福州话"棚"就读 /paŋ/。这类降低为 /aŋ/ 的读音在南方非常普遍，因此在南方许多地方，"生"也都有类似 sang 的读音。江浙以外的南方地区，/iɛŋ/ 也多与 /iŋ/ 维持了对立，因此诸如"饼"读 /piaŋ/ 这样的读音在南方地区可谓司空见惯。

　　山西地区的方言由于早早地鼻音弱化，反倒有利于维持元音上的对立（参考普通话分 ia、ie，不分 ian、ien，分 i、ie，不分 ing、ieng 的情况），因此山西方言也和东南方言一样维持住了梗摄的独立地位。虽然山西话和东南方言听感差距极大，但在保留古代对立方言方面却取得了难得的一致。

　　你可能会好奇，中古时期带鼻音的韵母都有与之相配的带入声的韵母，如果山西地区的方言由于鼻音早早脱落保留了这些韵母的区别，那么入声早早脱落的河北地区方言会不会也能保留这些韵对应的入声韵的分别呢？

　　这个在理论上当然是可以实现的。事实上，长沙人把"吃"读成 /tɕʰia/ 就是梗摄入声的读音。广州人虽然日常用"食"表示饮食，但是如果心情不佳或者咒骂时也会使用"吃"，这里的吃就会读 jaak 或者 hek。

　　正如之前提到入声时所说，河北地区的方言早早丢了 -k 尾，但是 -k 尾的丧失却为保留本来 /ək/ 和 /ɛk/ 之间的区别提供了有利条件。如"墨"和"脉"，在河北地区就维持了对立，前者读 mei，后者读 mai；同样"刻"和"客"在河北地区读音也并不相同，前者读 /kʰei/，后者读 /tɕʰiɛ/。根据辽代契丹小字的材料，当时河北"百"和"摆"韵母也还尚有差别，所以"摆""百""北"都不同音，"百"韵母可能尚读 /ɛi/，后来河北地区"百"的韵母和 ai 彻底合并，才和"摆"同音。"客"的韵母则从 /iɛi/ 最终变成 /iɛ/，与"且"的韵母合流。

　　其他地方的官话普遍也发生了梗摄混入曾摄的音变，因此"刻""客"在河北以外，如中原地区和江淮大部分地区，普遍不能区分。只有在安徽巢湖等少数地方，"刻""客"才保留了区分的痕迹，如巢湖话"刻"读 /kʰəʔ/，"客"读 /kʰeʔ/。普通话里这两个字同音则是来自中原以南的相混读音，而非北京所在的河北本地音。

不过梗摄的问题还不止这些，我们刚才说的都是中古时代的开口字，也就是没有 -u- 的，但是无论是曾摄还是梗摄，都还有合口字。譬如梗摄就有"觥""横""永""矿""荣""轰""兄""倾""琼""薨"等字，曾摄则有"弘""肱"等。

只要你和四川人打过交道，不难发现他们有一些常用字的发音和普通话是不一样的。譬如四川人会把"永""荣"说成yun；还有"横"，除了读 huan 以外，四川话里还有另外一个读音 hun，和"魂"同音，这和北方许多地方"横"读成 hong（如西安）是大不一样的。

在大多数情况下，四川话的 un、ong 与 ün、iong 和普通话是大致对应的。就像我们之前所说，四川人不分前后鼻音一般限于 en、eng 或者 in、ing 分不出来，而 un、ong 和 ün、iong 不分则不是通常情况下四川话会出的问题。

这个特点早在明朝就为人所注意了，明朝江西新建人张位的《问奇集》中提到"三楚永为允"，说明在当时他已经发现了这个现象。

我们得为四川话鸣一下冤，四川话并没有发生简单的前后鼻音不分。虽然由于四川话"永""荣"读 yun，"荣"和"云"同音（和"永"声调对应的"允"在四川则普遍读 /zuən/），但是反过来，四川话的"容""勇"还是读 yong，所以和多数北方话不一样，四川话"永"和"勇"或者"荣"和"容"的读音是能够区分的。

一如既往，如果今天的某种方言能够区分一些读音，古汉语也可以区分。在这一点上，我们甚至不需要依靠古代的韵书。广州话里面这些都可以区分："永"和"荣"读 wing，"勇"和"容"则读 jung，"允"和"云"则读 wan。在区分这些韵母方面，广州话堪称汉语方言的典范，其他方言则往往走上了不同的混并道路。

普通话中 ong、iong 韵母的大部分是来自古汉语的通摄，这些字在中唐以后已经读为 /uŋ/ 和 /iuŋ/，与今天他们在北方话里的读音差不多。然而此时曾摄和梗摄的合口字则情况并不相同，如"红"的韵母为 /uŋ/，"弘"的韵母为 /uəŋ/，"横""宏"则为 /uɛŋ/；"胸"的韵母为 /iuŋ/，"兄"则为 /iuɛŋ/。

早早脱落鼻音的山西方言再次体现了其保守性。山西许多地方"兄"有脱落鼻音的读法，如临汾话说 /ɕyɛ/；陕西地名里面"永"脱落鼻音以后则变成了 /y/，和"芋"当了同音字；汾阳话"兄"是 /sʮ/，"茔"是 /ʮ/。这些方言中，这些掉了鼻音的字自然都逃过了和"凶""勇"等字变成同音字的命运。

而在东南方言中，梗摄的合口字也没那么容易和通摄串联，梗摄元音滑向 /a/ 的老规矩在这里仍然适用。譬如常州话"横"就说 /huaŋ/，完全不用担心和"红"相混，反倒和"黄"成了同音字。对于"兄""倾"这样细音的合口字，福建、广东、江西不少方言则丢掉合口，直接参照"轻""镜"这样的开口字处理。如"兄"在福州口语读 /hiaŋ/，书音为 /hiŋ/；闽南地区则口语说 /hiã/，书音为 /hiŋ/；江西各地则多有 /ɕiaŋ/ 的读法，广州话则读 hing。

梗摄和通摄不混对海南岛来说尤其重要。海南的简称是"琼"，这个称呼本是来自海南古称琼州。在普通话和大多数北方话中，"琼"的读音和"穷"一模一样，本来含义相当美好的"琼"字就不幸和"穷"搭上了边。不用多想也可以知道，在琼州作为地名出现的时候，"琼"和"穷"肯定不能同音。幸好海南话自己是能够区分"琼""穷"的，在海南话中，"琼"一般读 /xeŋ/，"穷"则读 /kiaŋ/ 或 /xioŋ/。此外广州话也能区分"琼 king"和"穷 kung"。只是有一利必有一弊，广州话和海南话虽然能分"琼"和"穷"，但是却以"琼"丢了合口为代价，"琼"和"擎"又成了同音字。

在后来的演化中，长江流域的官话曾摄、梗摄和通摄的字在长时间保持了独立，但是曾摄、梗摄的字最后却伴随前后韵母混淆混入了相应的前鼻音，从而导致"永"读成"允"。这个演化规律也不仅仅限于官话之中，如说吴语的常州地区，念书的时候文绉绉的"薨"字就读 /huəŋ/，和当地的"昏"读音相同。北方的官话中曾摄、梗摄的合口字则走上了和通摄合并的道路，这个变化在元朝处于进行时。《中原音韵》里"永"既有 /iuəŋ/ 音，也有和"勇"同音的 /iuŋ/ 音；"横"也有两个读音，既有比较老的 /xuəŋ/，也有混进 /xuŋ/，和"红"同音。

但是后来普通话"横"则是不走寻常路，丢了 u，没有按照正常规律变成 hóng，而是丢了 -u- 直接混进了 héng。这种丢了合口的字在北京地区相对常见。譬如"倾"，在山东、河南、陕西、甘肃、青海、新疆经常读成类似汉语拼音 qiong 的音，在长江中上游地区的湖北、四川许多地方都类似 qun，在北京则和"横"一样，丢了合口。有意思的是，北京话"倾"还有个口语的读音 kēng，老北京人说"kēng 家荡产"。现今年轻的北京市民虽然照着字不大念 kēng 了，但是口语里面"把人坑了"的"坑"很有可能就是"倾"。宋元时代的文献经常有"倾陷"的写法，明朝以后"坑"逐渐多用在这个场合，可能是个俗字。这个读音在两湖地区一些地方的 /kʰən/（武汉）、/kʰuan/（长沙）也颇对得上号。

最有趣的是，北方话的梗摄合口还出现了一个叛徒"矿"字。在今天的普通话里，"矿"与"旷"同音。以北京话的演变规律，梗摄字"矿"无论如何不应该变成 kuàng。世世代代生活在京城的老北京可能会知道，在旧时北京人把"矿"说成gǒng。这个读音在 1962 年版的《新华字典》中还有出现，符合"矿"字在北京话正常演变的结果，应该算得上是京城正音。可是不知怎么搞的，在近几十年却莫名其妙被人扬弃，逐渐变得没人用了。反而是来路不明，疑似念别字的 kuàng 反倒取得了正统地位。

n、l 不分是南方人的说话特征吗？

赢，郎佐切，音螺去声，读若糯。

——明·李实《蜀语》

要是上网搜索一下"如何纠正普通话……"，大概说得最多的就是如何纠正 n、l 不分。大概是 n、l 不分的口音实在是太过明显，涉及的字数又数以百计。更绝的是，对于能分清 n、l 的人来说，分清它们不费吹灰之力，而对分不清 n、l 的人来说，不但发音时发不出它们的区别，就连听到的也是一模一样。

很多中国人认为，n、l 不分和"黄""王"不分一样，是一个宽泛的"南方人"说话的特征。实际上南方许多地方的人是能够分清"黄""王"的。这两个字在中古最早期是一个声母 /h/，韵母也很接近，差别在"黄"是一等字，读 /hʷɑŋ/，"王"是三等字，读 /hʉeŋ/。后来"黄"在北方浊音清化后变成 h 声母，但是"王"的三等介音最终让声母发生了弱化，没有能够清化变成 h。在粤语等一些南方方言中，"黄"的声母也早早弱化，最后在粤语中变成 w。在随后的演变中，"王"的三等介音丢失，和"黄"韵母相同了，反映到广州话就是"黄""王"同读 wong。

广州粤语的情况在南方方言中并不是普遍现象。虽然早在南宋时期安徽舒州人朱翌就提道："黄王不分，江南之音也，岭外尤甚。"但是一些吴语至今还是可以区分"黄""王"的。如温州话就把"黄"读 /ɦuɔ/，"王"读 /yɔ/。嘉兴话里面，地名"王店"的"王"、上海崇明王姓的"王"都读 /ɦiɑ̃/，和当地"杨"的读音 /ɦiɑ̃/ 在外人听来较为接近，可能也是《中原音韵》里面周德清所谓"王杨不分及诸方语之病"的基础。粤东潮汕地区则"王"说 /heŋ/，"黄"说 /ŋ/，近于福建泉州厦门以及台湾的闽南话。"黄"的这个接近北方人"嗯"的读音，曾经让清朝首任台湾巡察御史的北京人黄叔璥大为惊骇，他感叹："黄则无音，厄影切，更为难省。"

与"黄""王"不分实则在南方覆盖面有限不同，n、l 不分在广大南方地区则颇具群众基础。实际上，淮河流域到江淮地区的苏北、安徽一带已经有大把人 n、l 不分，江西、湖北、湖南、福建、四川、贵州等省很有可能不分 n、l 的人比分的人还要多。总之七七八八加起来，说中国有几亿人不分 n、l 应该问题不大。

这么多中国人分不清 n、l 情有可原。这两个辅音发音位置极其接近，区别只在于 n 是鼻腔共鸣，l 发音时气流则从舌头两侧通过。这两个辅音的混淆在全世界语言中都极其常见。严格以中古汉语为准绳的话，普通话也稍有 n、l 混淆的情况，譬如中古属于来母的"弄"在普通话里成了 n 声母，反之属于娘母的"赁"成了 l 声母。基本分 n、l 的法语把"等级"说成 niveau，在古代法语中这个词还是 livel，英语 level 正是来源于此。

不过普通话里 n、l 的混淆只涉及个位数的字，但是在南方很多方言里，n、l 则是系统性地不能分辨。正如前后鼻音不分有不同段位一样，n、l 不分也不见得会全都不分。相对来说，混淆程度最严重的大约是苏北、安徽、湖北、重庆、川东等地区。在这些地方，他们说普通话 n、l 是完全混淆的，也就是"难 = 兰""你 = 李""年 = 连"。这样最高段位的 n、l 不分在北方地区确实相当少见，然而兰州附近的方言 n、l 混淆程度丝毫不见逊色，也是处于全混状态，可算是让北方地区也破功了。

当然在大多数情况下，这个变化应该是明清以来才发生的。1899 年传教士殷德生记录的汉口话里，本来读 n 的字基本都有 l 的异读，本来读 l 的字却不会读 n，音变正在发生。今天 n、l 全混的扬州，在其郊区一些乡镇，也仍然是能够区分 n、l 的。

程度稍轻的不分则是"难 = 兰"，但是"你 ≠ 李""年 ≠ 连"。这是因为后两组都是细音，在许多方言里面，n 后面跟着细音会引发一定程度的腭化，也就和 l 的距离拉得更开。包括成都在内的川西以及陕西宝鸡、湖南长沙、江苏溧阳等许多方言处于这个状态，可以说是半吊子相混。除了长江流域以外，这种现象也出现在西北部分地区。

还有一些地方则混淆的程度更加轻一些，局限在少数几个韵母上，譬如除了宝鸡 n、l 混淆相对严重以外，陕西关中地区普遍有一定程度的 u 前 n、l 不分的现象，主要体现在"农 = 笼""内 = 类"（关中话这两个字都读 luei）等。

尽管存在 n、l 相混的问题，不过相对于其他辅音来说，n、

l 几乎算是最稳定的一类了。从中古到现在，绝大部分方言的 n、l 都没有发生明显的变化。相比各类浊音声母走了不同的清化模式，"精"组和"见"组声母的大规模腭化，"知""章""庄"组声母复杂的卷舌变化，"帮"组声母向轻唇音的分化，n 背后的"泥"母和"娘"母以及 l 背后的"来"母却拥有着惊人的稳定性，简直让人觉得他们是不是一路从上古到今天都没什么变化。

遗憾的是，事情再一次没有那么简单。假如你听过福建泉州、厦门、漳州地区的人说话，可能会发现一个有意思的现象，就是他们发 l 的时候会有点"大舌头"。譬如让他们说"福建人"，这个"人"（其实是"侬"）的发音会比较奇怪，大概类似普通话的 lang，但是又有点像 dang。

漳泉厦所在的闽南地区属于 n、l 相混的地方，但是闽南里面 n、l 相混的结果并不是一个特别典型的 l，反而让人觉得介乎 l、d 之间。更加有意思的是，闽南地区的鼻音读音普遍有这样的怪异之处，如"闽"字在闽南地区直接读了 /ban/，而"我"在闽南地区则说 /gua/。前者在大多数中国方言中都是 m 开头；后者虽然普通话是零声母，但是你不妨回想一下影视剧作品里面陕西人和山西人怎么说"我"，相信不难发现山西、陕西的"我"也带个鼻音声母 ng。这并不是山陕人别出心裁，而是古代的汉语"我"就带 ng。在山西、陕西的许多方言里面，甚至古代不带 ng 的字，如"安"现在也变成了 ngan。

也就是说，在闽南方言里面，其他方言的 m 变成了 b，其他方言的 ng 变成了 g，其他方言的 n 和 l 变成了有点像 d 的 l。请注意这里的 b、d、g 可是地地道道的浊音，而不是汉语拼音的 b、d、g。

山海环绕的福建由于特殊的地理环境孕育了极为特殊的方言。福建北部和西部是连绵的武夷山脉，武夷山绝对高度并不算高，但是山势极其险要，在古代已可以算是难以逾越的地理障碍。福建主要的人口聚居区则是山间盆地和沿海的小片平原，互相之间相对隔绝。除了南北朝到唐朝迁入移民较多之外，人多地少的福建在后世主要向外输出移民。福建移民的迁居地从华北沿海一直延伸到东南亚，这样的地理和人口条件决定了福建方言相对来说不受其他方言的影响。因此，在整个北方的方言由于大规模人口流动不断变化时，安居东南一隅的福建方言却可以长时间保存原貌。

福建方言向来以保守存古著称，保存了一大批在其他方言里面比较罕见的古词，如福建方言普遍还把眼睛称作"目"。在绝大部分福建之外的汉语方言中，这个基本的词汇已经被"眼"所代替。

在这方面中国人是幸运的，由于悠久的书面语传统，在口语中已经消亡的词往往仍然在书面语中得到保留。虽然多数中国人不再在口语中用"目"指眼睛，但是诸如"目录""比目鱼""头目""拭目以待"这样的书面词汇确保了"目"仍然死而不僵。在和汉语的诸多亲属语言表示眼睛的词汇——如藏文的 ᨽᨲ（mig/ 眼睛）——比较时，我们仍然能够相对容易地找出"目"这个同源词。倘使汉语并没有这样深厚的文字传统，要想找出 ᨽᨲ 的同源词，就只能依靠福建方言了。

福建方言的词汇之古几乎是一眼就能看出来的。除了"目"

之外，其他方言说的"蛋"闽语仍然叫"卵"，"蛋糕"在闽南地区称作"鸡卵糕"。北方人说的"锅子"在江浙和广东叫作"镬"，在福建则是文绉绉的"鼎"，福州有一道著名的早点"鼎边糊"，就是在锅边淋米汁，稍稍凝固后铲入汤中。其他方言说的"走"在福建直接说"行"。这些用词在上古到中古时期曾经通行全国，后来随着新词的出现、扩张，在许多地区的方言口语中已经退缩并趋于消亡，但在福建还在广泛使用。

　　福建方言不但用词古雅，而且语音也很古老。现代中国现存的绝大部分方言都是《切韵》的子集，即大体而言，《切韵》里的同音字到现代方言仍然是同音字。唯有福建地区的方言不但用词多有上古遗风，连语音上也保留了一些《切韵》中已经消亡，只有在上古汉语中才有的分别。中古汉语的"匣"母在上古时代有部分来自 g，这些字的读音在福建地区略有保留。在闽南口语中"寒"读 kôaⁿ，福州话则把"咸"叫 /keiŋ/。在其他方言中，部分吴语也有类似现象，如常州话"环"说 /guæ/，"厚"说 /gei/，但是字数远远不如福建方言多。

　　因此，闽南地区 m → b、n → l（d）、ng → g 的变化，不由会让人疑惑这是否也有较为古老的来源。

　　出乎意料的是，闽南方言中的这一现象在日语汉字音中可以看到类似的现象。日语中的汉字音最主要的是吴音和汉音两套，吴音是来自南北朝时期江南地区的读音，汉音则是来自唐朝长安的读音。日语的汉音也发生了类似闽南方言的塞化现象，如"米"，吴音为まい（mai），汉音为べい（bei）；"内"，吴音为ない（nai），汉音为だい（dai）。由于日语不区分 ng 和 g，因此疑母 ng 的塞化就难以通过日语进行判断了。

然而，和福建方言其他古老特征不同，闽南方言的这一特征并不一定真是从唐朝沿袭下来的，闽南以外其他的福建方言普遍不存在这样的现象。如在福州方言中，"闽"说 /miŋ/，"我"说 /ŋuai/。"我"的韵母非常古老，可以追溯到《切韵》以前的时代，但是声母却并没有发生闽南式的塞化。此外福州方言，至少是一部分老人的福州方言可以基本完整区分 n、l，也从侧面说明福州方言不大可能经历过塞化。

但是闽南方言的鼻音塞化无疑说明这样的变化是有可能出现的。而在唐朝，包括长安在内的西北地区，鼻音塞化就出现了。

我们并非仅能从日语的汉字音中看出端倪。唐以后，佛教密宗开始在中国盛行。密宗中有大量咒语，咒语原文多为梵语。和之前翻译佛经主要求意思准确、语言精当不同，各类密咒则要求发音的绝对准确。也就是说，一个唐朝人想要念出可以奏效的、威力强大的咒语，那他的发音必须要和这条咒语的梵语原音足够接近。

不消说，绝大部分中国人，就算是想念咒的那一帮，也是不大可能直接阅读梵语字母的。因此为了让中国人也能准确念出咒语，又兴起了一轮新的翻译运动。这其中的佼佼者是不空大师。不空大师的生平笼罩在一片迷雾之中，甚至唐朝关于一代大师的出身就已经有互相龃龉之处。有说他祖籍北天竺，生于西域的，还有说他是狮子国人，也就是今天的斯里兰卡人的。两种说法可说是南辕北辙、互相矛盾。相对来说，第一种说法出现得更早，应该更加可信。他的母亲是康国人，也就是今天乌兹别克斯坦的撒马尔罕附近，因此他随母姓康。康国当时是粟特诸城邦中较为强大的一邦，不少康人也在华活动，不空少年时也正是因其舅家的关系来华。

据唐人的记载，不空作为密宗大师拥有极其高强的法力和咒术。遭遇干旱时，他升坛作法能够念咒祈雨，雨下够了拿个银瓶加持就可以止风。他常年在各地活动，以密咒祈福消灾。安史之乱时他更是投靠太子（唐肃宗），用密法消弭兵燹之祸。后来叛军攻入长安，不空落入叛军手中，但是他仍长期与唐肃宗秘密通信表忠，商讨平乱之策。最离奇的是，他还准确预言了收复长安、洛阳两京的时间，因此其地位愈加崇高。

不空翻译的《佛说除一切疾病陀罗尼经》里面就有一个这样的密咒。顾名思义，这个咒语可以用来祛病，尤其是积食、咳嗽、疟疾、痔疮等。咒语为："怛你也（二合）他（一）尾摩黎尾摩黎（二）嚩曩俱枳黎（三）室唎（二合）末底（丁以反四）军拏黎（五）嫩奴鼻（六）印捺啰（二合）儗领（二合七）母隶娑嚩（二合引）诃。"

这个咒语对应的梵文是：tadyathā vimale vimale vana kuṭile śrī mati kuṇḍale dundubhi indrāgni mauli svāhā。

可以看出，不空为了让人能读准咒语可说是煞费苦心。这里面"口"旁的字一般是因为梵语的原音实在没有合适的汉字，就写一个读音相对接近的加上"口"旁提示读音稍有区别。还可以看出，梵文原文几处浊音都采用了普通话读鼻音的字来对，如 dya 用"你也"，ḍa 用"拏"，dun 用"嫩"，du 用"奴"，drā 用"捺啰"，g 用"儗"。

ཪེ་ཆུ་ཝ ་ ⟨ིམ⟩ ⟨ིམ⟩ ་་ ཆ་⟨ཱ ⟨ོ ⟨ི ⟨ ⟨ིང
⟨་ི ⟨ ⟨༤་ ⟨⟨༤ ⟨ ⟨ ⟨ ⟨ ⟨ི ⟨ ⟨

甚至可以看到，由于鼻音发生了塞化，碰上梵语的鼻音时，往往出现一些难以直接对应的，必须委曲求全权宜一下。比如 na 被迫使用"曩"这样一个生僻字进行翻译，可能是因为"曩"本来带有 -ng，在当时的西北方言中，这样的字可能可以依靠鼻化作用让声母不那么塞化，还更接近 n。此外 agni 的 ni 更是用了极罕见的生僻字"聍"来对。这在日本的汉音中也有所反映，如"宁"在汉音中读ねい（nei），并没有发生塞化。现代的闽南方言也有这样的交替，譬如"麻"有一个读音因为韵母发生鼻化，声母也就保持了鼻音（môa）；"磨"的一个比较接近的读音则由于韵母没有鼻化，声母就发生了塞化（bôa）。

尽管这种不空法师翻译咒语时记录下的长安方言在唐朝一度非常盛行，甚至远播东瀛，晚唐到北宋的汉藏对音、西夏对音和回鹘对音也都是倾向鼻音塞化（如敦煌曲子《游江乐》里把"望"拼写为 ⟨ི⟩/bo'u），但是宋朝后来随着西安的政治经济地位下降，古代西北方言的影响也就慢慢减退，曾经的塞化读音也被华北地区维持鼻音的读音所取代。尤其是西安话，今天鼻音和普通话差别甚微。不过在关中东北部的韩城一带，说话的时候 m、n、ng 仍然略有塞化的感觉。一河之隔的山西塞化更加明显。在山西不少地方，鼻音 m、n、ng 读得都略接近 mb、nd、ngg。与远在福建的闽南方言不同，今天的山西方言是古代西北方言的后裔，因此今天山西方言的鼻音塞化很有可能和中古时代的西北方言确有传承关系。

甘肃南部的一些方言则也体现了西北方言的鼻音塞化。在定西地区的某些地方如陇西的方言中，这种塞化也仍然有保留痕迹。在陇西话中，历史上的 ng 声母都发生了 ng 变成 g 的塞化，然后又发生了清化，变成了 /k/。所以在这种方言中，"安"发音为 /kæ/（和陕甘许多地方一样，陇西发生过增生 ng 声母的音变），和"干""甘"同音。

江西和湖南的一些方言则发生了 /l/ 的塞化，在这些方言中，这种塞化一般发生在 /i/ 前，如抚州和衡阳都把"梨"说成 /ti/，赣北的湖口一带则说 /di/。而在闽南、潮汕和海南方言中，有几个来母字读音非常特殊，如厦门话"鲤"读 /tai/；"鹿"潮汕话读 /tek/，海南话读 /diak/。这几个发音和福建中部的山地地区"螺"的特殊读音（如沙县 /sue/）一样，都是闽语中超越中古汉语范畴，可以直追上古的发音。

值得一提的是，虽然 mb、nd、ngg 的塞化读音在中国大多数方言中并未流行，有一个鼻音却在中国绝大部分方言中永久地塞化了。这就是令无数学习普通话的中国人头疼的一个声母——r。

上海人为什么自称"上海宁"？

In fact, in Wuchang, all the R-sounds seem to become L, while in Hankow I cannot detect any consistent change of all of one sound into another.（事实上，在武昌，所有 R 声似乎都变成 L，但在汉口我没能发现某种系统的一个声母变成另一个的变化。）

——殷德生《汉音集字》，1899 年

在学校里学到"形声字"这个概念的时候，不知你是否会想到："霓"的声旁为什么会是"儿（兒）"？如果按照普通话来读，这两个字的读音可说是天差地别，实在难以想象古人是如何认为这两个字能够谐声的。

当然如果你老家在苏南、上海、浙江，这可能对你来说构不成疑惑。因为这些地方的方言许多"儿"和"霓"的读音都是 /ȵi/，至少表面上看似乎解决了形声字的问题。此外，这些地方其他普通话读 r 的字也往往会读鼻音，像上海话把"人"读成 /ȵin/，所以经常在网上被戏称为"上海宁"。

普通话的 r 是个非常古怪的音。它在中国各地的读音往往会非常不一样。譬如东北和胶东许多人会把"人"读成"银"；在四川，普通话的 r 则多会读成 /z/；长江中下游和江淮地区则混入 /l/ 比较常见，这些地方往往会把"让"读成"浪"。不过这可能也是近一百多年发生的变化，譬如殷德生就提过 19 世纪末期的汉口许多人把 r 混入 l，这个变化在武昌已经基本完成，在汉口则处于进行阶段。专门拿汉口和武昌对比，反过来说明当时汉口至少有一部分人 r 是没有混入 l 的。

南方的方言中，广州话把"日""人"这些字的声母都读成 /j/，然而比较值得注意的还是各种鼻音的读法。虽然今天的广州话"日"和"人"都是 /j/ 声母，但是于乾隆四十七年（1782）刊行的粤语韵书《江湖尺牍分韵撮要合集》里却分开设立"以"和"日"两个声母。如当时的粤语"日"属于日母，"逸"属于

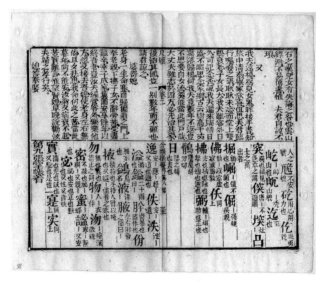

《分韵撮要》书影

以母，今天的广州话"日"和"逸"两字则完全同音。

虽然广州话今天不分《分韵撮要》中的日母和以母，但是可以推测，在清朝早期日母应该是鼻音。在《分韵撮要》中"迎、凝、认"也都属于日母，"盈、赢、型、营"则属于以母。"迎、凝"在中古汉语属于疑母，也就是 ng 声母。北方官话中 i 前的 ng 以脱落为主，今天河南山东的方言里"迎凝"一般读 /in/，北京话的"凝"则略有些意外地保留了鼻音，只是发生了腭化，所以读 /niŋ/。

幸运的是，在其他的粤语方言，尤其是广西地区的粤语中，仍然保留了日母和以母对立的原貌。如广西东部的梧州话，"日"读 /ɲet/，"逸"读 /jet/。甚至有人把"认"读 /ŋɪŋ/，和"盈、赢、型、营"读 /jɪŋ/ 对立，"迎、凝"则读 /ŋɪŋ/，可算保留了比《分韵撮要》更加古老的状态。

普通话的 r 在南方读鼻音相当普遍，并不仅仅限于江浙地区，粤东的客家话也把"日"说 /ɲit/，"仍"说 /ɲin/；福州则"日"读 /niʔ/，"仍"读 /neiŋ/。更加有意思的是，古代汉藏语中能找到的普通话 r 的同源词，几乎都是鼻音开头的。譬如"日"，藏文为 ཉི་མ་（nyi ma），西藏"尼玛县"就因此得名，缅文则是 နေ（ne）；最基础的数词"二"，藏文为 གཉིས་（gnyis），缅文为 နှစ်（hnac）。

就连北方话也不是完全没有日母读鼻音的痕迹。山西、陕西、河南许多地方把"人家"称作 nia，这个 nia 就是"人家"的合音，n 来自古代的"人"的声母。而表示 20 的"廿"，声母 n 也来自"二"的古代声母。更重要的则是"你"字，"你"

在中古才出现，这个字本是上古的"尔"或者"汝"在口语中的变读，后来发明了一个新的俗字来书写，也是北方日母读鼻音的残留。

因此问题并不在于 r 以前读什么，我们几乎可以肯定中古早期的"日母"是个鼻音 /ɲ/。真正神奇的是，这个鼻音是怎么能变成北方话的 r 的。

在这点，闽南方言又给了我们极佳的参照。

闽南方言中发生了非常系统的鼻音塞化，那么作为鼻音的一类，/ɲ/ 自然也不能免俗。遗憾的是，在今天厦门和泉州的闽南话中，/ɲ/ 塞化的结果和 /n/ 完全一样，都变成了介乎 /l/ 和 /d/ 之间的音，但是在漳州、潮汕和海南的方言中，/ɲ/ 塞化成了 /dz/。譬如"热"，在漳州读成 /dzuaʔ/，在潮汕地区读成 /zuaʔ/。

几乎可以肯定的是，在日本人从长安学去汉音的时候，长安方言的日母也和其他鼻音声母一样发生了塞化。譬如"如"字，在吴音中是にょ（nyo），汉音则读成了じょ（jo）。敦煌的汉藏对音《千字文》中，"儿"用了藏文ཞ（zhi），可见和日本汉音一样，此时藏族人听来西北汉语的日母已经没有鼻音了。

和其他鼻音声母塞化主要局限于西北地区不同，日母的塞化则迅速扩张到了整个北方地区。至少宋朝中原地区，日母也不太像是鼻音，此时中国的音韵学家在声母分类时把日母归入非常奇怪的一类 —— 半齿音。事实上半齿音作为七音之一也只有一个成员 —— 日母。

对于此时中原地区的日母读音，我们可以从一本奇特的书中知道一二。北宋时期曾经有一位叫孙穆的人担任"奉使高丽国信书状官"，他在高丽期间写了一本《鸡林类事》，成书于公元 1103 年。鸡林是朝鲜的古称。孙穆在朝鲜活动期间，朝鲜文尚未发明，因此记录了三百多条朝鲜语词语的汉字对音的《鸡林类事》也就成了研究古代朝鲜语非常珍贵的资料。

《鸡林类事》记录朝鲜语大致采用汉字音译朝鲜语发音的方式，其中就涉及了日母字。譬如有"四十曰麻刃"，现代朝鲜语虽然有一套从汉语引进的数词，但是也有一套自己的可以数到 99 的数词，这套数词里面 40 是마흔（ma-heun）。不过在朝鲜文刚发明不久，1447 年的《龙飞御天歌》中，40 的写法则是마·순。△在早期谚文中系统性地用来对应汉语的日母字，在朝鲜本土词似乎多出现在和ㅅ（s）交替的场合，如：두：ᅀㅓ（一些，今天写作두어 /du-eo/）是由朝鲜语本土数词두（du，2）和서（seo，3）组合而成，因此一般认为历史上，朝鲜语的这个字母曾经代表 /z/。和두어一样，当代朝鲜语用这个字母拼写的词一般改为ㅇ（零声母）。

与吐蕃和西夏对音不同，孙穆主要使用的汉语大概仍然是华北中原地区的，不会是西北方言，但是日母照样发生了塞化。到了更晚的时候，现代普通话的 r 的雏形就出现了。

在《辽史》的《国语解》中，有个叫作"起儿漫"的地名。今天伊朗的"克尔曼"已经翻译成"起儿漫"。这个地名出自辽朝末年。当时辽朝本部已经被金朝所灭，但是辽朝契丹贵族耶律大石成功收拾辽朝残余势力西迁。耶律大石的西征非常传奇，新疆和中西亚的各方势力不是耶律大石的对手，尤其是卡特万战役（发生在寻思干，即今撒马尔罕附近）大败塞尔柱苏丹率

《龙飞御天歌》书影

领的十万联军，奠定了西辽在中亚称雄的基石。根据《辽史》
的说法，耶律大石于"起儿漫"称帝，建立西辽，汉尊号"天
佑皇帝"，改元延庆。

　　由于《辽史》是元朝时所修，距离耶律大石活动的时代已
有一定距离，因此记录事件时间和地点的准确性可能会有所欠
缺。耶律大石并非在"起儿漫"称帝。西辽契丹贵族巴剌黑在
西辽灭亡后曾在"起儿漫"建立王朝，可能因为和西辽一样都
是契丹人建立的王朝，因此《辽史》里把在"起儿漫"称帝安

在了耶律大石头上。所谓"起儿漫"，也就是今天伊朗的克尔曼，波斯语叫کرمان（Kermān）。波斯语的 -r 用了汉语的"儿"来翻译，可见此时"儿"的读音已经比较接近 r。只不过此时的"儿"大概还读 /ʐɿ/，也就是较为接近普通话的"日"，"日"在此时的官话中则读 /ʑi/。后来的满语哪怕是比较早的借词日母也读 j，譬如"福晋（ᡶᡠᠵᡳᠨ/fujin）"，本就是汉语"夫人"稍早一些的读音。

北方有一些方言的"儿"演化到 /ʐɿ/ 这里就算大功告成，譬如山西西南的运城和永济，"儿"就停滞于此。晋南还有关中其他一些地方，则由于卷舌音一部分会平舌化，"儿"受到了波及，因此读 /zɿ/，和四川人说"日"差不多。但是在华北大部分地方，可能由于"日"从 /ʑi/ 变成 /ʐɿ/，也就是"儿"原本的读音，产生了一定的压迫，"儿"的读音发生了演变，成了 /əɹ/。成书于 17 世纪初的《重订司马温公等韵图经》反映了当时的北京话，作者徐孝把"儿"归于影母。显然当时北京话"儿"的读音已经和现在差不多，处于零声母状态了。有趣的是，关中地区存在渭南这样"儿"还读 /zɿ/ 的守旧读音的同时，西安周围却比普通话更进一步，连"日"也变成了 /əɹ/。

这样本来源自上古的鼻音就一步步变成了 r。那么 r 出现了，北方话常见的儿化也就顺理成章地出现了。最开始的时候，"儿"只是作为一个单独的小称后缀。但因为是虚化的后缀，所以在词里面，这个"儿"字会读得弱一些，轻一些。久而久之，"儿"就丧失了自己独立音节的地位，粘上了前一个音节，从而完成了从儿尾到儿化的转变。如果"儿"并没有充当小称词缀的功能，也就不会走上这条弱化路径。

中古以来，"儿"缀开始流行，这是北方话出现儿化现象的基础。北方话的儿化和蒙古语、满语这样的语言并无关系，而是自身发展的结果。当然各地方言"儿"的读音不同，儿尾或者儿化的结果也就不一样。譬如在江浙"儿"还读鼻音的地区，儿化往往会以加鼻音的方式体现，"耳刮儿"变成了"耳光"，"女儿"变成了"囡"。这样的儿化现象在江浙地区一般越向南越多，像台州温岭，平时说"橘"都会说成儿化的"橘儿（/kyn/）"，温州地区甚至"儿"本身都能儿化，只是因为温州"儿"本来就读 /ŋ^{31}/，再加个"儿"只能通过变调来体现了（读/ŋ^{212}/）。

倘若你家乡不在吴语区，可能会好奇这种"鼻音儿化"与自己有什么关系。不要着急，你的一项爱好——打麻将——非常有可能和这种儿化音息息相关。中华大地几乎各地都有一种常见的小鸟叫"麻雀"，在苏南、浙北、上海的吴语里，"雀"字一般发音是 /tsiaʔ/。那么聪明的读者，假设有人把"雀"儿化了，加上鼻音，您觉得"麻雀儿"该读什么呢？

轻唇化

"胡建""扶兰"与"一蚊"钱

"hú 建"人为什么发不出 f 这个音？

广东话的"一蚊"钱与"Ip Man"有什么关系？

"hú 建"人为什么发不出 f 这个音?

凡轻唇之音,古读皆为重唇。

——清·钱大昕《古无轻唇音》

"你好,你是哪里人?"

"我来自一个 h 开头的省份。"

"湖北? 湖南?"

"不是啦!"

"河北? 河南?"

"也不是啦!"

"难道是黑龙江?"

"更不是啦!"

"那是哪里?"

"是 hú 建啦!"

这个经久不衰的段子,概括了福建人说话的一个很大的特点,他们发不出 f。

许多关于口音的段子往往会和语言事实有所出入，但是这个段子里的描述却是基本准确的。福建的大多数方言确实都没有 f，甚至不少福建人在说普通话的时候也发不出 f，以至于英语中有个词 Hokkien，指闽南人和闽南话。这得归功于东南亚的闽南移民，和他们在福建的祖先一样，他们也是把 f 说成 h 的，因此他们自称 Hokkien 人，其实就是"福建"人。广东的客家人把潮州人称作"学佬"人，其实也是因为潮州人祖先来自闽南地区，所谓"学佬"不过是潮州话版的"福佬"罢了。

段子虽然好笑，不过 f 这个音在许多方言中的分布可确实是相当复杂。在今天绝大多数汉语方言中，如福建方言那样 f 完全缺失还是较为少见的，但这种情况也绝不仅仅限于福建地区。今天山西中部祁县、平遥、太谷、文水、孝义等县的方言和福建方言一样没有 f。在这片晋中区域，"福"普遍读成 /xuəʔ/ 之类的音，和闽地方言颇有几分相似之处。反过来说，也有不少方言，普通话不读 f 的字它们也读 f。哪些字读 f 在不同方言里是花样百出：粤语里把"裤"读 /fu/，温州话"呼"读 /fu/，客家话"话"读 /fa/，西安话"水"读 /fei/。

所以，飘忽不定的 f 到底是怎么来的？福建人和晋中人为什么就不会说 f 呢？

首先要明确的是，如果你是福建以外地区的中国人，就算你觉得福建人的发音再滑稽，最好也不要嘲笑福建人发不出 f，否则你不小心就会把自己祖宗也一起嘲笑进去。因为 f 在汉语中算是相当年轻的一个声母，在隋唐以前并不存在。

汉语属于汉藏语系。汉藏语系中具有比较古老的拼音文字的藏文和缅甸文都没有为 f 设立一个字母,因为在这些文字发明的时候,藏语和缅甸语并没有 f。甚至到了今天,f 在拉萨藏语和仰光缅甸语中都是很边缘的音位,大体只出现在一些外来词中。一些普通话读 f 的汉藏同源词,在藏语和缅甸语中往往读 p、b 之类的音,譬如"房"在藏语中有个同源词 ᠌ᠠᠠᠠ(bang ba,仓库),藏文是 b 开头;藏文把"纺锤"叫 ᠌ᠠᠠ(phang),大概不难猜出这个就是汉语中的"纺";汉语的"飞",藏文就是 ᠌ᠠᠠ('phur);你觉得有东西"妨碍"到你了,到了缅甸就是这玩意 ᠌ᠠᠠ(pang:)住你了;你最亲近的男性长辈,汉语叫"父",远方的缅甸亲人把这门亲戚叫 ᠌ᠠ(pha),近一点的藏族亲人叫 ᠌ᠠ(pha)。总而言之,藏族人和缅甸人同福建人一样都对 f 退避三舍。从逻辑上推论,如果相当一部分说汉语方言以及汉语的"远房亲戚"都没有 f,那么汉语中 f 的来历就很可疑了。

然后宋朝以后,f 已经成为大多数中国人日常交流常用的音,中国人把 f 的存在视作理所当然,几乎没有人对 f 产生过任何兴趣。甚至到了当代,卷舌音、后鼻音都有人怀疑是外语带入汉语的,可是 f 除了说点"hú 建"笑话,鲜少有人质疑过这是不是汉语本来就有的。为什么福建人发不出 f 呢?用南宋大儒朱熹随便抛出的一句"闽浙声音尤不正"就可以解释。

巧合的是,朱熹本人出生于今天福建的尤溪县。和大部分福建方言一样,尤溪话也没有 f。如果朱熹像今天的福建人一样不会发 f 的话,当他在北方为官时,很有可能遭遇过今天福建人民会遇到的揶揄,促使他做出了"闽浙声音尤不正"的总结。

作为一代大儒,朱熹对古代语言有一定的研究,著名的

"叶音说"就是他提出的。他认为宋朝人读一些古代的诗歌韵文发生不押韵的现象，是因为古人读到这些诗歌韵文的韵脚的时候，可能会临时改变读音，这就是所谓"叶韵"。

尽管朱熹对古代语音进行了研究，但是他根本没有意识到语音会发生变化。他认为古代人说话和宋朝人是差不多的，只是写诗的时候会临时改音。加上他研究古代语言的目的是解释押韵，所以对声母并无太多关心。因此他也并没有对福建没有 f 的现象做像样的解释，而是只是单纯说"闽浙声音尤不正"，给自己家乡人民扣上了读音歪的大帽子。

福建人民的冤屈得要靠一个上海嘉定人洗刷。18 世纪时，嘉定学者钱大昕发现了 f 在古代不存在的事。他发现这一事实不是跑去福建听了福建方言，也不是听到了藏族人或者缅甸人说话，而是通过挖掘汉字得出的结论。通过梳理文献，钱大昕发觉许多后来读轻唇音（f、v）的字，往往都有读作重唇音（p、pʰ、b）的异写，譬如"汶山"也叫"岷山"，"伏羲"也叫"庖羲"，"扶服"也叫"匍匐"。最后他得出结论，"古无轻唇音"，今天的轻唇音都是从重唇音中分化出来的。

我们不妨沿用中国古人的术语，把 p、pʰ、b 称作"重唇音"，把 f、v 称作"轻唇音"。通过种种研究可以发现，轻唇音不但在汉藏共同语时代尚未出现，在汉字造字的年代也不见踪影。我们甚至可以进一步推测，到了中古早期，轻唇音还没有分化出来。

汉字起源于上古时代，在汉字中占据主体地位的是形声字，形声字由形旁和声旁构成，理论上说，形声字的读音应该和声旁较为接近。在很多形声字中都可以发现,轻唇音的字有重唇音的声旁(如"赴"的声旁为"卜"),重唇音的字又有轻唇音的声旁(如"铺"的声旁为"甫"),说明在上古汉语中,轻唇音和重唇音仍然有着非常密切的关系。

　　到了上古晚期,重唇音和轻唇音的分野仍然没有出现。中国人都知道"佛"字,这个字在今天的普通话里是 f 声母,但是在佛教源头的古印度的梵语里,"佛"来自 बुद्ध(Buddha),意思是"觉醒者",也有翻译为"佛陀"的。尽管"佛"并不一定是直接从梵语中借入,无论如何,对于当初音译这个词的古人来说,他们无疑认为用"佛"翻译 bud 是妥当的做法。还有一个常见说法:"救人一命胜造七级浮屠。"所谓"浮屠"其实也是 Buddha 的音译,这个翻译比"佛陀"还要更加早一点。同样,今天读 f 的"浮"最早也是被用来翻译 b 的。

　　甚至到了中古早期,反切法仍然流露出轻重唇不分的痕迹。之前已经提到,在遥远的古代,以拉丁字母为基础的拼音还没有在中国广泛流行时,中国人查字典确认一个字的读音,是依靠反切法推出的。按照反切原理,被切字的声母应该和反切上字的声母相同,如"东"注音为"德红切","东"的声母应该和"德"相同。

　　在中古早期的韵书中,轻唇音和重唇音在反切中屡屡有相混迹象,并不能完全区分。譬如吕忱的《字林》中,把"邶"切为"方代"。也就是说,在吕忱时代的语音里,"邶"的声母应该和"方"的声母一致。到了中古时代以后,轻唇音分化出来时,福建的各路方言已经和其他方言分化,因此福建的方言并未受到轻唇音的波及，也就没有 f 了。

当然，正如之前说过的，古代的汉语是有浊音的，这不仅仅体现在塞音方面，古代的擦音也有浊音，因此在轻唇音出现后，古代的 p、pʰ 分化出了 f，b 分化出了 v。在保留浊音的方言譬如江浙的吴语中，这个 v 延续至今，常州话里"浮"就还读 /vei/。而在浊音清化的方言里面，v 后来又变成了 f。

从 p 变成 f 是个相当常见的音变，古代印欧语的 *p 在今天的英语里统统变成了 f（这也是格林定律除了浊音清化以外的另一部分），譬如英语的 father（父）在拉丁语里是 pater，英语的 fish（鱼）在拉丁语中是 piscis，英语的 foot（脚）在拉丁语中是 pes，拉丁语的读音比英语要更接近古代的印欧语。不过拉丁语自己其实也未能免俗，古代印欧语的 *bʰ 在英语中还是重唇的 b，在拉丁语中倒变成了 f。譬如拉丁语的 flos（花）在英语中是 blossom，拉丁语的 fundus（底部）在英语中是 bottom，拉丁语的 frater（兄弟）在英语中则是 brother。两种语言都发生了古代的重唇音变成轻唇音的音变。

如果你比较敏感，此时大概已经发现了一个问题：假如福建方言真的保留了轻重唇分化之前的古音，那么"福"无论如何不应该是 h 声母，而应该是 p 声母才对。

事实上，"福"读成 h 声母确实不是福建方言保留重唇音的案例。在福建各地的方言中，如果是口语会用到的字，则大多都保留重唇音的读音，这些字确实并未受到中古时期轻唇化浪潮的影响。但是碰上读书的场合或者口语中不大用的字词，绝大多数情况下是读 hu 的。今天 hu 的读音是模仿已经发生了轻

235 轻唇化："胡建""扶兰"与"一蚊"钱　235

唇化的当时的官话里面的 f，但由于福建本地没有 f 声母，就只能权宜一下用较为接近的 hu 代替了。

因此在福建方言中，不少其他方言读 f 的字都会有重唇和 h 两个读音。以厦门话为例，"飞"有 poe、hui 两音，"饭"有 pn̄g、hoān 两音，"坟"有 phûn、hûn，"放"有 pàng、hòng 两音。有些词在福建方言中已经基本被 h 读音取代，但是如果细细追溯，往往还是能找到一些重唇音的蛛丝马迹。譬如在口语常用词中，"风"是少有的声母只读 h 的字，但是南方常见的乌风蛇，在泉州话中这里的"风"就读 /pŋ/。

可以说，在 f 出现以后，福建人较努力地试图学习汉语通语中出现的这个新声母，只是受限于方言本身无 f 的强大习惯，还是用 hu 来替代，最终就造成了 hú 建人的口音。

实际上，在很多方言里面，往往还零星保留着一些重唇音的常用字，并没有经历这一波轻唇化的浪潮。

粤语中把"媳妇"称作"心抱"，这个读 pou（/pʰou/）的所谓"抱"字其实本是"妇"的重唇读音，"心抱"本是"新妇"，是一个颇为古雅的说法。而在江浙一带的吴语中，也多多少少有一些这样的字残留，如常州乡下把施肥用的粪读成/pən/；夏天人捂汗后皮肤上长的痱子在常州话里说"/bai/ 子"，其实就是"痱子"的重唇读音；"肥皂"则在吴语区大部分地方有个类似"皮皂"的读法。

客家话保留的重唇音更多一些，如广东梅州话里有"飞 /pi/""斧 /pu/""肥 /pʰi/""放 /piɔŋ/"的读音。可能有些出人意料的是，湖南西部和南部的一些方言同样也是保留重唇音的重镇。这些地区的方言迥异于一般人印象中的"湖南话"，极其难懂，可能是主流湖南话进入湖南前湖南本地的老方言的残存。这些方言很多字的读音完全出乎人意料之外，如湖南江永土话"风"说 /pai/，"纺"说 /pʰaŋ/，"浮"说 /pau/。

甚至普通话也不例外，口语中，我们叫的"爸爸"，书面语中我们则称"父"。"父"的古音其实就是 ba，和藏文、缅甸文的读音非常相近。在书面语中，"父"的读音随着历史演变发生了变化。但是在口语中，这个中国人从婴儿时期就使用的字仍然保留了古代的读音，因此发明了一个新的形声字"爸"来表示。大部分汉语还有一个保留了重唇读音的常用字——"不"。这个字在江浙地区的吴语中普遍轻唇化，但是在中国大部分方言中仍然保持了重唇读音。这大概是由于"不"作为一个虚词一般出现在读音容易弱化的位置上。有些地名中重唇读法也比较顽固，如秦始皇修建的著名宫殿"阿房宫"的"房"就有个保留重唇的读法；广东的"番禺"，北方人经常不明就里读错，但是在广东当地是读 pun。

总而言之，古代的一部分重唇音演变出了今天的 f。至于哪些字会变成轻唇音，大多数汉语也遵循了相对一致的规则。虽然常用口语字在各地往往会有几个例外情况，但是大部分重唇音变出来的 f（v）在全国各地都可以对应。

对于普通话来说，这差不多就是 f 的全部故事：普通话中的 f 几乎全盘来自中古早期的重唇音，没有其他来源。但是和保守的福建人不发 f 不同，在很多地方的方言中，f 出现以后范围逐渐扩大，卷入了更多的字，其来源已经远远不限于古代的重唇音了。

还记得福建人用什么音来模仿官话的 f 吗？是 hu。这充分说明了 hu 和 f 的听感是相对接近的。我们经常可以听到说某地方 f、h 不分，这个说法不仅指福建人把 f、h 全说成 h，还包括其他一些地方把 h 发成 f，譬如所谓"大扶兰"（大湖南），就是说湖南人把"湖"读成 fu。

在绝大部分情况下，这句总结可以更加精确地描述为 hu 和 f 不分。由于发 u 的时候张口很小，容易导致上牙和嘴唇接触，就会出现 hu 变成 f 的现象。相反，一个后面没有跟着 u 的 h 绝少会出现变 f 的现象。因此湖南一些地方如长沙确实把"湖"说成"扶"，但是你绝对不会听到一个长沙人把"汗"说成"饭"。恰恰相反，长沙话里某些历史上的轻唇音 f 已经弱化成了 h，譬如"风"在长沙年轻人的口中已经变成了 /xən/（国际音标中的 /x/ 接近普通话 h 的发音，/h/ 是广州话 h 的发音，后者要靠后很多），听起来和普通话的"痕"有点像。

在这类方言中一般最容易出现的是 hu 读入 fu，如"呼"读 fu，次之则是 hu- 读入 f-，譬如"花"读 fa。这类变化在中南和西南地区相当常见，粤语、客家话、西南官话中都有这样读的方言。在江浙地区也能找到踪迹，譬如一部分上海人就把"火车"说成 fu 车。当然由于不同方言读音不一样，这个变化的范围也千差万别，不能用普通话的读音一概而论。譬如广州话虽然"花"读 fa，但是"华"就读 wa。这是因为广州话的"华"并没有经历过读 /hʷa/ 的阶段，而是早早就变成了 /wa/，因此逃过了 hw- 变 f- 的音变。反之，由于广州话的"科"历史上由

/kʷʰɔ/ 变成了 /hʷɔ/，最终变成了今天广州话的 fo。

而在从鲁南、徐州到陕西关中及甘肃、青海的区域，发生了普通话读 shu- 的字到 f- 的变化，其原理和 hu 变成 f 类似，也是发生了唇齿接触后 f 逐渐取代了本来的声母，所以西安话"水"说 fei，"书"说 fu。由于新疆的汉语方言多是这些区域的移民带入，因此新疆话里也往往有这样的现象，譬如乌鲁木齐话把"说"念成 /fɤ/。在一些地方，这个变化甚至殃及了普通话里读 zhu-、chu-、ru- 的字，出现了"床"说 /pfʰaŋ/，"砖"说 /pfã/，"如"说 /vu/ 的现象。在广西的一些方言中，则出现有普通话的 s 读 f- 的现象，如在梧州苍梧"三"读成了 /faːm/，与周围的方言对比可以看出，这个 f 实际是来自边擦音 /ɬ/。由于普通话的 s 声母在这种方言里几乎整个变成了 f，这些地区的语音中 f 出现的频率可以说是颇为可观。

但是要说到另一种 f 用得特别多的方言，却多少有些叫人意外。这个方言其实脱胎于福建方言，但是奇特的是，它不但放弃了不发 f 的特点，反而将 f 发扬光大。

这种方言位于中国最南方的海岛上，即海南话。海南虽然地理位置紧邻广东，但是海南岛大多数居民说的海南话却和福建的闽南方言更为接近。大多数海南人把祖先追溯到福建莆田一带，大约在一千多年前的宋朝，海南人的先祖从海南岛东北部的文昌一带登岛。经过一千多年的分化，海南话发展出了诸多自身的特点，已经和大陆的闽南话或者潮州话拉开了相当距离，互相之间并不能顺畅通话。

海南人对 f 显然并没有福建人那么排斥，在海南岛北部的海口等地，实际上不存在 /pʰ/ 这个音，普通话读 p 的字在这些地方多有个 f 的读音。如在海口话中"皮"读 /fue/，"潘"读 /fua/。也就是说，/pʰ/ 整个变成了 /f/。相应的，在海口话中，/tʰ/ 变成了 /h/，而 /kʰ/ 变成了 /x/，已经完全没有了汉语诸方言中常见的送气塞音。

　　这究竟是由于海南岛的炎热气候还是其他什么原因导致的，已经不得而知。不过大致可以确定的是，这并不是很古老的现象，海南岛南部的三亚话尚没有受到波及。而一百多年前西方传教士记录的海南岛北部的海南话，似乎受这波擦音化狂潮的影响还远远不及今天这么彻底。然而在 20 世纪，海南岛中部和北部，无论是汉语方言还是非汉语，几乎都被这个迅速发展的音变席卷了。

广东话的"一蚊"钱与"Ip Man"
有什么关系?

东风破早梅,向暖一枝开,冰雪无人见,春从天上来。

——明·兰茂《韵略易通》

不知你在少年时,是否有过成为武林高手行侠仗义的遐想?现实中,我们大部分人和武学是绝缘的,但这并不妨碍我们崇拜武林高手,譬如大刀王五、燕子李三、霍元甲、黄飞鸿以及叶问等。

如果稍加留意,你会发现,一代宗师叶问的名字在英语里译作 Ip Man,看上去很像 Superman、Spiderman、Batman 这样的超级英雄的名字。只是 Ipman 的组合稍显奇怪,叶问虽然是武林高手,但是并无证据证明他曾经操作过计算机,更加不会是互联网时代的超级英雄"IP 人"。

以上只是个玩笑,叶问的名字是 Ip Man 其实不过是这两个字的发音而已。他是广东人,在汉语拼音推广以前,外文名采用自己的方音拼写非常常见,在闽粤地区甚至基本可算通例。

实际上,如果照读 Ip Man,确实和广东话"叶问"的发音 /jip men/ 颇为类似。

此时问题出现了,普通话的 wen 到了广东话中,怎么就变成了 man 呢?

这并不是唯一一个普通话的 wen 在广东话里读 man 的例子。广东人把"一块"叫"一 man",一般在当地写成"一蚊"——这当然只是个俗字而已,"蚊"怎么可能充当钱的单位。但是这也恰恰说明广东话"蚊"确实是读 man 的。

要理解广东话"一 man"到底是什么东西,其实用人民币就可以。请不要误会,想要解决这个问题并不需要花掉人民币。尽管现在是一个现金逐步退出大家钱包的时代,我们还是希望你能够找出一张人民币的纸币,翻到背面。

在纸币背面右上方有四种很多读者不熟悉的文字,它们分别是蒙古文、藏文、维吾尔文和壮文。现在忽略前三种用非拉丁字母拼写的文字,只把注意力集中在看起来像汉语拼音但是又有些奇怪的壮文上。

Cunghgoz Yinzminz Yinzhangz　cib maenz

10 元人民币局部

在上面这幅图中,有两个单词为 cib maenz。如果你是南方人,可能会觉得这样的读音有点似曾相识,不要犹豫,cib 就是汉语的"十",而 maenz 则是货币单位,相当于"元"。其中 z 表示的壮语的声调,排除声调这个单位就是 maen,和广东人说的 man 基本可算同音。

　　不过也不要误会是广东人从壮语里借用了货币单位的读音。历史上的壮语受到汉语的影响非常之深远，尤其是商贸方面的词汇大量来自汉语。譬如壮语表示"买"的词借用汉语"市"，"集市"则借用汉语"墟"，"钱"则借用汉语的"银"。壮语的金钱单位也借用了汉语的，不管是壮语的 maenz 还是粤语的 man，来源其实是一回事，也就是"文"。不错，"文"也是一个普通话读 wen、广州话读 man 的案例。

　　事实上，如果梳理一下拼音里面 w 打头的字在广东话里的读音，很容易发现有两个大类，其中一大类在广东话里也是 w 打头，如稳、湾、王、挖、为、乌、皖、豌、歪，另一大类则是 m 打头，如文、晚、亡、袜、微、武、万、未、味。后一组字不但在广东话中读 m，在南方许多方言里面也多多少少有几个字读 m，尤其是在口语当中。譬如江浙地区有种较常见的迷信活动"关亡"，大致是神婆请亡者附身说话，这里的"亡"（常州音 /maŋ/）就普遍和"忙"同音。由于是不大上台面的怪力乱神之举，时日一久，本来的写法"关亡"好些参与者也有所遗忘，往往误写为"关忙"。

　　说到这里，提醒你注意一下"忙"这个字，普通话中它的声母是 m，声旁是"亡"。可能你已经猜到了，在帮组的 p、pʰ、b 发生轻唇化时，同组的鼻音声母 m 可也没闲着，也发生了变化。我们同样能在形声字上观察到这些普通话里的 w 古代来源于 m。更有甚者，普通话里"蔓"和"芒"两个字自己就身兼 w、m 两读。前者"蔓延""藤蔓"的读音区别，一直是许多致力于把普通话说标准的人的噩梦之一。后者则曾经有个 wáng 的读音,特别用在"麦芒"上,并被收录于早期的字典中。近年则可能由于城市化的关系,农业在许多人生活中的重要性下降,这个读音正在逐步退出日常生活,但是在北方广大农村,麦农对这个读法仍然相当熟悉。

与 p、pʰ、b 的轻唇化波及了除福建以外的绝大部分的汉语方言不同,m 的轻唇化在许多方言中可以说中道崩溃,半途而废。尤其在东南地区的各方言,m 的轻唇化最终没有能够持续进行下去,而是中道回归了 m。也因此,广州话里中古早期读 m 的字到今天仍然基本读 m。

不过 p、pʰ、b 的轻唇化最终变成的是上齿咬下嘴唇的 f,m 的轻唇化又是怎么会变成 w 呢?

假如你老家是在河南、陕西或山西,你可能会发现普通话读 w 而广东话读 m 的这一批字,在你老家的方言里面都是 v 开头的。以西安、洛阳、太原三座古都的方言为例,在这些地方,"晚"和"碗"往往声母不一样,前者是 v,后者是 w。如果你家住北方而且也能区分"晚"和"碗",那你的方言就有很大概率较好保留了 m 轻唇化后的初始状态,也就是 v。v 读法形成后就不断向南方扩散,尤其在江浙地区,会出现一个字在口语中读 m,在书面词汇里面读 v 的现象。如常州话里"问问题"这个词组,第一个"问"因为是口语里的动词,说 /mən/,第二"问"作为"问题"这个词的一部分,读 /vən/。

在近代以前的北方地区,v 曾经非常普遍,如明朝《韵略易通》把北方话的声母整理成《早梅诗》。其中有一个声母用"无"字表示,就是 v。甚至到了清朝,山东、河北一些地方的韵书中 v 仍然是独立声母。在北京地区 v 和 w 的合并是明朝后期以后的事情。由于今天的普通话语音以北京话为基础，所以普通话也就没有设置 v 声母了。

　　然而在近几十年，北京乃至许多北方地区出现了新的动向，消失已久的 v 声母又重新开始冒头了，把"晚""碗""万""丸"都说成 van 的人数迅速增加。在北京的年轻人里面，这种读音似乎已经成了新的主流。虽然这个 v 严格说来已经不是中古汉语 m 轻唇化的产物了，但无论如何，v 可说正在重新回归。

元音

各方言都搭乘过的"列车"

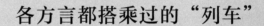

广东人为什么把"鸡"说成"gai"？

"胭脂"其实是错别字？

唐朝的"矩州"怎么变成了现在的"贵州"？

"远上寒山石径 xiá"的读法有没有道理？

湖北人、云南人为什么把"去"说成"ke"？

为什么这么多人把"疫情"说成"yu 情"？

广东人为什么把"鸡"说成"gai"？

石室诗士施氏，嗜狮，誓食十狮。施氏时时适市视狮。十时，适十狮适市。是时，适施氏适市。施氏视是十狮，恃矢势，使是十狮逝世。氏拾是十狮尸，适石室。石室湿，氏使侍拭石室。石室拭，施氏始试食是十狮尸。食时，始识是十狮尸，实十石狮尸。试释是事。

——赵元任《施氏食狮史》

宋嘉定中，有厉布衣者……广人土音称赖布衣云。

——明·叶盛《水东日记》

广人呼蹄为台。

——清·方以智《通雅》

翻开任何一本汉语字典，不难发现拼音里面的 i 都是同音字的重灾区。如果使用拼音输入法，碰上带 i 的拼音，会有非常大的概率必须再选择自己想要的到底是哪个字，有的音节如

shi、yi 更是重灾区中的重灾区。汉语语言学之父赵元任曾经写过一篇游戏文章《施氏食狮史》，整篇文章只用读 shi 的字，竟然能够顺利成篇。

事出反常必有妖，我们的祖先似乎也并没有特别钟爱 i 的理由。如此多的 i，最可能的解释是，许多古代读音不同的字随着语言的演变其韵母都变成了 i。以《施氏食狮史》首句为例，这中间"石""室""食""十"都是古代的入声字，在今天的广州话里分别读 sek、sat、sik、sap，总之如果用广州话来读，效果必然没有普通话那样滑稽。

可是刨除入声因素，读 i 的字仍然多得可怕。假如一个南北朝时代的中国人穿越到现代，大概会惊异于自己的后代说话的时候有这么多的 i，这些 i 在他的时代可是读各种各样的读音的。

把入声字排除可以发现，在粤语中，另外有一个字的读音相对来说比较特殊，那就是"誓"。这个字粤语读 sai。普通话中"誓"和"事"完全同音，但是粤语里面，"誓"读 sai，"事"读 si。

一些北方话的 i 在广东话读类似 ai 的音早就为人所注意。清朝初年方以智就提到广人把"蹄"说成"台"，更早明朝叶盛（江苏昆山人）也发现广东人说"厉"的土音是"赖"。这里必须要说明，此处应该理解成广东人说的"蹄""厉"，北方人听起来像北方话的"台""赖"。广州话自身"蹄"读 tai，"厉"读 lai（/lei/），"台"读 toi，"赖"读 laai（/la:i/），分得很清楚。

广东话很多方面是要比北方话更加保守的。那么从广东话能区分这几个字而北方话却不分的现实出发，大概就可以推知，其实古代的汉语对这几个字也是有区分的。我们以周朝为例，周朝国姓可是"姬"。以今天中国中部、北部绝大部分方言的读音看，这个姓和"鸡"的读音一模一样。更为夸张的是，周朝初年著名的摄政王，周武王的弟弟周公单名"旦"，也就是说，他姓名连起来恰恰是"姬旦"，在普通话里甚为容易和"鸡蛋"发生联想。

当然，上古的中国人并不把"蛋"叫"蛋"，"卵"或者"子"才是相对来说更为古老的称呼。福建地区往往今天仍然把蛋称作"卵"。尽管如此，刨除这个因素，也不需为周公的名字会和鸡蛋谐音而担心：古代北方的"姬"和"鸡"读音并不一样。就如现代的广州话"鸡（gai）"和"姬（gei）"不会那么容易产生联想一样。

我们可以从很多方面看出，古代北方没有这么多 i。中国人熟悉的弥勒菩萨的"弥勒"，其实是音译梵语 मैत्रेय（maitreya），意译则是"慈氏"，"弥"对应的是 mai。而在敦煌地区出土的藏文拼写汉语词的文档中，则出现了把"细""西"拼写为 སེ（se）的现象。非常巧合的是，这几个字在广东话里韵母都是 ai，而在唐诗押韵的时候，这批字也是自己和自己押，不会和粤语里读 i 或者 ei 的字押韵。

中古时代的韵书几乎都会把这两类音分开。中古时代把一类相近的韵母称作一个"摄"。其中，现在广东话读 ai 的这些，归类于蟹摄，而广东话读 i、ei 的则归类于止摄。广东话止摄和蟹摄分明。除了粤语之外，闽南地区的方言分得也比较清楚。

闽南方言因为分化历史比较悠久，层次较多，往往一个字有多个音，但是在闽南方言来自中古北方话的文读里，蟹摄字仍然是 e 为主，譬如厦门话里"西"有 se 的读法，"世"则读 sè，"系"则读 hē。口语中的读音往往就离 i 更远了，"鸡"在厦门口语说 koe，在潮州和海南则说 koi。

其他地处南方的方言对止摄和蟹摄的区分虽然未必有粤语或者闽南话那么完整，但也多多少少有些蟹摄字读法特殊。譬如江苏南部吴语区经常见到把"荠菜"误写成"谢菜"的，"荠"属于蟹摄字，在这里往往读非常规的 ia、ie，因此许多人才不明就里写了同音的"谢"。而属于蟹摄的"鸡"，因为是极其常见的动物，更是在南方很多地方有相当独特的读音：广东梅州的客家话就读为 /kiɛ/，温州永嘉则是读 /tɕiai/，江西许多地方也有把"鸡"读成 /kai/ 或者 /kɛi/ 的，乍一听倒是和广东话大差不差。

就算是北方话，虽然今天止摄和蟹摄多有混淆，但是也并不全部相混。譬如在声母 z、c、s 后面，止摄字如"滋四寺"越变高，变成了舌尖发音，最后演变为今天汉语中非常有特色的舌尖元音（也就是汉语拼音 zi、ci、si、zhi、chi、shi 里的 i）；中古的蟹摄字则在止摄让出了普通 i 的位置后也逐渐变高取而代之。所以今天的多数方言能分"四""细"，对应广东话的 sei、sai 之分。

在一部分北方话和江浙地区的吴语里，章组声母后也往往可以这种形式区分止摄。来自中古时期止摄的字早早被声母同化成了舌尖元音，来自蟹摄的字则长期读 i。譬如在胶东半岛的荣成、乳山、文登等地，"试"读 /ʂʅ/，"世"读 /ʃi/，读音基本还是元朝《中原音韵》的状态；浙东的宁波、台州等地，"试"读 /sʅ/，"世"读 /ɕi/，也可以区分。

　　总而言之，仅仅通过广东话，我们就可以确定，至少归于蟹摄的这部分，在古代中原也并不读 i。现代普通话多得令人诧异的 i 在古代可以剥离掉一大块，那么剩下的呢？

"胭脂"其实是错别字?

失我焉支山，使我妇女无颜色。

——西汉·佚名匈奴人

北人以庶为戍，以如为儒，以紫为姊，以洽为狎。

——隋·颜之推《颜氏家训·音辞》

胭脂是从古至今中国女性最钟爱的物品之一，一般来说，古代女性化妆必不可少的就是胭脂。只要在面颊上抹上胭脂，女子的面容就鲜亮可爱起来。因为胭脂对女子美丽容貌的烘托作用，从古至今，中国人往往喜欢把胭脂和美人联系在一起。尤其在胭脂所出的北方，那里的美人往往被比喻为"北地胭脂"。至今殷红的胭脂仍然是中国许多女性家中必备之物。

但是作为读者，你现在得接受一个坏消息：你从出生到现在写的"胭脂"，是错别字。请不要慌张，"胭脂"确实是现代汉语规范的写法，你和你的语文老师写的"胭脂"都完全符合21世纪的现代汉语标准。只要你不贸然穿越到古代，没人能够质疑你的汉文水平。

但是要真的回到古代，"胭脂"恐怕真的是错别字了。这和"胭脂"的词源有关。表面上看，"胭脂"这个名字似乎很容易理解，"胭"是红色的颜料，形容胭脂的颜色，而"脂"则是形容胭脂细腻的质地。然而实际上，胭脂如今的写法是相对晚近时期才出现的，《本草纲目》中，胭脂写作"燕脂"。李时珍对此给出了自己的解释，那就是"产于燕地，故名燕脂"。而在更早的文献中，不但"胭"的写法有变化，连"脂"也有其他写法，如"燕支""烟肢"等。

不一而足的种种写法暗示"胭脂"的来路并不那么简单。胭脂真正的根源，则得追溯到古代中国北方的强敌——匈奴人。从战国到南北朝，匈奴人曾经长期是中国北方最大的威胁，几乎整个汉朝，中原人都在和匈奴进行着不懈的斗争。

匈奴人虽然军力强劲，却并没有留下什么自己的文字记录。因此，时至今日，关于匈奴人到底来自何方、说什么语言尚无定论。大概可以肯定的是匈奴人并不说汉语，但是关于匈奴语言的有限认知基本都出自汉文材料。其中西汉武帝时期，霍去病将军大破匈奴，占领河西走廊，被迫仓皇撤退的匈奴人留下了这样的诗句："失我焉支山，使我妇女无颜色；失我祁连山，使我六畜不蕃息。"

这首歌谣应该是翻译的作品，被汉族人以汉族诗歌的传统改造，甚至能押上汉语的韵（"色""息"押韵）。虽然并非原作，但在匈奴人已经烟消云散千多年后，这也是他们留下的不多的文学作品之一了。最值得注意的是，其中仍然保留了一些非汉语的名词，如"焉支"。

焉支山位于今天甘肃山丹县和永昌县交界处，焉支山一带有大片的草原，曾经是匈奴人游牧的场所。不过对于匈奴人来说，游牧的草原多的是，失去焉支山何至于让妇女无颜色？这则和焉支山出产的一种植物有关。

这种植物称作"焉支花"，而盛产焉支花的区域就被称作"焉支山"。所谓焉支花，就是红蓝花。人类利用红蓝花由来已久，早在古埃及时代，古埃及人就利用红蓝花制作染料。

在没有化学染料的古代，红蓝花是红色染料的重要来源。红蓝花的花朵其实是橙色的，因为其中含有不少的黄色素。由于黄色素在酸性溶液中的溶解度比红色素高，因此可以利用酸性的米浆水或者醋加以淘洗，把黄色素洗掉，去除黄色素后，则用可以溶解红色素的碱性溶液滤出纯正的红色汁液。

经过处理的红蓝花汁液除了用来浸染布料之外，还可以和白米粉拌和，制成妇女涂抹面部的化妆品。由于这种化妆品和焉支花有分不开的关系，因此也被叫作"焉支"，这才是后来的"胭脂"的本源。也就是说，胭脂其实原本是个进入汉语的借词，不过是一个音译而已，后人穿凿附会才改写成了意思更为美好的"胭脂"。

从"焉支"的写法演变来看，在中古以前，"支"虽然有"肢"的写法，但是并未出现"脂"，直到中古以后"脂"才开始出现。我们能够非常确定"焉支"才是真正正确的写法，因为在一些方言中间，"胭脂"还是读为"焉支"。

请先不要尝试读"胭脂"和"焉支"两个词，我们可以肯定 95% 以上的中国人读这两个词是完全同音的。这也是后世把"焉支"附会成"胭脂"的基础。不过，如果你是温州人的话，现在就是你的高光时刻了。可以先念一下"支 /tsei/"，再念一下"脂 /tsɿ/"，然后再回想一下"胭脂 /i tsei/"怎么说，如果你温州话过关的话，就会发现"支"和"脂"在温州话里读音不同，其实你自己一直说的是"焉支"。

现在你已经知道"胭脂"其实应该写"焉支"了，那么让我们结束讨论中国人的颜面问题，转回本篇的核心话题，为什么汉语里面有那么多 i。你大概已经发现我们其实简单陈述了一个事实，那就是这些 i 在如温州话这样的方言中，是可以继续细分的。

中古时期的韵书《切韵》中，"支"和"脂"分别是两个韵的代表字。也就是说，在这本书的撰写者看来，分属这两个韵的字是不同音的。这两类字数量颇多，如属于"支"的有"皮""离""紫""支""智""是""畸""移"等，属于"脂"的有"枇""梨""姊""脂""致""视""饥""姨"等。

这种细分在当代方言里是不多见的，能分的很多也是位于人迹罕至的交通死角或者山沟沟里的小方言。但是恰好在浙江南部和福建东北部有两座大城市 —— 温州和福州，虽然两市在地理上相隔不算远，但是方言差别非常大，互相之间无法通话，然而它们有一大共同点，就是上面的两组字，在这两种方言里或多或少都能区分。

	温州	福州
避（支）	bei	pie
备（脂）	bei	pi
离（支）	lei	lie
梨（脂）	lei	li
刺（支）	tsʰei	tsʰie
次（脂）	tsʰ ʅ	tsʰøy
紫（支）	tsʅ	tsie
姊（脂）	tsʅ	tsi
支（支）	tsei	tsie
脂（脂）	tsʅ	tsie
纸（支）	tsei	tsai
指（脂）	tsʅ	tsai
智（支）	tsʅ	ti
致（脂）	tsʅ	ti
是（支）	zʅ	si
视（脂）	zʅ	si
移（支）	ji	ie
姨（脂）	ji	i

　　温州方言和福州方言都属于非常古老保守，但在历史上又不断被当时的北方话叠加影响的方言，因此两种方言演化过程都很复杂，层次众多。但是今天这两大城市的方言都能在一定程度上区分"支"韵和"脂"韵，相对来说，福州分得更加清楚一些。

　　我们得要感谢方言学的发展让我们能够接触到古老的温州话和福州话，因为"支"韵和"脂"韵的区别曾经在数百年间都是个汉语历史的谜案。由于这两个韵的区别在现代方言中极少能找到痕迹，甚至在宋元以来的韵文押韵中都基本混为一谈，因此长期以来，一直有人认为"支"韵和"脂"韵的区别可能是中古韵书的作者为了追求心目中的完美语音而进行的强行分别。

　　这自然是无稽之谈。如果看中古时期的描述，至少有些人对这两个韵的区别相当在意。活跃在南北朝后期到隋朝的名士颜之推在《颜氏家训·音辞》中写道："北人以庶为戍，以如为儒，以紫为姊，以洽为狎。"

　　颜氏家族的经历相当特殊。这个南北朝时期的名门望族本来出身北方，在西晋末年的永嘉南渡时南迁金陵。根据《颜氏家训》内的说法，颜氏家族极端重视语音的正误，颜家的孩子如果说话出现讹误，族人一定要马上纠正，因此颜氏家族南迁200年始终保持从北方带去的北方音。到了颜之推时代，随着隋朝统一中国，南北对峙结束，颜之推又返回了北方。他发现此时北方人说的北方话和颜氏家族在南方传承的北方话已经有了一定的区别。作为正音观念极强的士大夫，颜之推认为许多方面自己的读音比同期北方人的更加正统，其中一条就是当时的北方人把"紫"读得和"姊"一样，这在颜之推眼里无疑是个语音错误。

　　后来的事情今天的我们自然很清楚，不要说北方人"紫""姊"再没有分出来，颜氏家族的南方大本营金陵，也就是现在的南京，也完全没有区分"紫""姊"的痕迹。在《颜氏家训》中，颜之推声称颜氏家族对于后代的语音教导非常严格，听到任何错误长辈都必须纠正，否则就是自身的罪过。假使今天的江南还有颜氏家族的后代，显然在这一千多年时间，颜氏家族的教导对语言演变的滔滔洪流来说不过是螳臂当车。事实上，今天中国大城市的方言中，大概也只剩下福州话能够区分"紫""姊"了。

由于唐宋以后的语音演变，甚少有人意识到，在我们祖先的语言中，这是截然不同的两个韵母。人们对这两个韵母的混淆熟视无睹，甚至认为它们自古以来就是一回事。这一局面直到 18 世纪才被段玉裁打破。

雍正十三年（1735 年），段玉裁出生于江苏金坛。像当时江南地区大部分书香门第的子弟一样，段玉裁早年也参加过科举。他的科举表现一般，在 25 岁那年成为举人后就难以再进一步了，后来他先后在北京教过书，当过贵州玉屏县和四川几个县的知县。在他 28 岁那年，同龄人戴震也到了北京。段玉裁和戴震一见如故，戴震精于声韵训诂，通过和戴震的交流学习，段玉裁也找到了一生的真爱——研究古音。

段玉裁一生最得意的无疑是他成功把上古音的"支""脂""之"三部分了出来。在他之前，尽管隋唐时期的韵书也把"支""脂""之"三个韵分立，但是唐朝人写诗时仍然不同程度地出现过混合押韵的情况，甚至在对韵律要求相当严苛的科举考试时也不例外，考生并不特别担心自己写的诗会由于这三个韵混押而被判不及格。

到了宋朝，官方编写的《广韵》虽然仍旧承袭隋唐传统把三个韵分立，但是却明确注明可以"同用"，也就是官方认为归属这三个韵的字完全可以互相通押。在更加能反映宋元时期口语的宋词元曲之中，这三个韵的字随意押韵，已经和今天的情况别无二致。

长期以来，古人并没有语音会随着时间的流逝而变化的认识。汉字是一个非常奇特的文字系统，虽然大多数汉字是形声字，然而汉字并非直接的拼音文字，并不直接反映语音。而自从秦始皇统一文字以来的两千多年，汉字的形态高度稳定，除了 20 世纪的简化字运动之外，几乎没有系统性的改变。文字上的极度稳定成功掩饰住了语音上的变化。一个英国人看到古英语把 day 写成 dæg（日），较容易领悟到英语古今语音一定发生过变化；法国人看到拉丁语的 saputum 在现代法语拼写为 su（已知道的），更是几乎不可能意识不到其间语音上一定发生过重大改变。相较而言，中国人仍然能够较轻松地看懂两千年前的文字，会意识到我们祖先语言的语法和词汇与今天有一定区别，而在语音上则未必能够知晓。

因此，当中古以后的中国人读到这些韵书的时候，往往百思不得其解，甚至认为这些韵书是强行分别或者用了某种奇怪的方音。直到明朝人陈第提出"时有古今，地有南北，字有更革，音有转移"，才第一次明确指出汉语的语音会发生变化。

从明朝开始，中国人才逐渐通过多方面证据来试图厘清古音。有人发现中古时代的支韵在上古分为两类，有一类跟中古的歌韵有关系，譬如歌韵的"波"的声旁就是支韵的"皮"。然而支韵的另一部分则长期仍然和脂韵以及之韵放在一起。直到段玉裁通过分析《诗经》的押韵，发现"支""脂""之"在上古也是三个韵部，和中古分为三个韵一脉相承。

段玉裁无疑是正确的。在上古时期，中古汉语属于支韵的字和属于脂韵的字不但很少押韵，也基本属于不同的声旁。在上古中国人的口中，它们确实分属不同的韵部。在中古最早期的一批诗歌中，支韵字还会和齐韵字押韵。东晋时著名的诗歌作品《子夜歌》，相传是东晋女子子夜所作的系列情歌，其中有一首著名的情诗为：

> 侬作北辰星，千年无转移。欢行白日心，朝东暮还西。

这是作者在嗔怪自己的情郎（即"欢"），作者把自己比作千年不变的北极星，情郎则像太阳每天都在移心。从自称为"侬"（本是吴地表示"人"的词，近似当代女孩子自称"人家"）看确实是出自江南的情诗，可能也因此语音上更加保守一些，这里支韵字"移"和齐韵字"西"押韵。甚至唐朝一些诗人的诗歌中支韵字也基本独立，不和脂韵字押韵。如王勃的《泥溪》一诗中：

> 弭棹凌奔壑，低鞭蹑峻岐。江涛出岸险，峰磴入云危。
> 溜急船文乱，岩斜骑影移。水烟笼翠渚，山照落丹崖。
> 风生蘋浦叶，露泣竹潭枝。泛水虽云美，劳歌谁复知。

六个韵脚（岐、危、移、崖、枝、知）均为支韵字。王勃是初唐时期绛州龙门人，也就是今天的山西河津人。以王勃的押韵来看，颜之推说北方人已经"支""脂"不分怕是略微有些武断，就算在稍后的时代，北方仍然有一些能够区分"支""脂"的地区。

然而作为江苏金坛人，段玉裁说的北部吴语"支""脂""之"三个中古韵母已经几乎完全合并，基本都读 i。在缺乏合适标音工具的清朝，博学如段玉裁也只是能将这几个韵母分开，他并不能想象出这三个韵部到底应该如何发音。

这成了段玉裁终身的遗憾。在他晚年给朋友江有诰的信件中，曾经写过："足下能确知所以支、脂、之分为三之本源乎?"在给出了这个提问之后，段玉裁又感叹："仆老耄，倘得闻而死，岂非大幸也?"作为开创性地将支、脂、之分为三部的大学者，段玉裁却一生没有想明白它们到底应该怎么读。

以段玉裁生活年代的技术水平，他很难接触到能够反应语音的材料。福州是福建省城，按说也是很有影响力的方言了，但是福州话能区分"支""脂"两韵也是 20 世纪以来的发现，其他能区分"支""脂"的方言影响力只会比福州话更少。以清朝的交通条件，这些方言都不在段玉裁的接触范围之内，因此他并没有能够从现存分"支""脂"的方言获得启发。

不过福州话里支韵字的读音 /ie/ 已经相当接近中古时代的读音。在中古伊始的南北朝时期，一些押韵的文段中，中古支韵字会跟佳韵字互相押。如颜之推的先辈，同属于南迁颜氏家族的颜延之，在《赭白马赋》结尾段写道：

> 乱曰：惟德动天，神物仪兮。于时驵骏，充阶街兮。禀灵月驷，祖云螭兮。雄志倜傥，精权奇兮。既刚且淑，服孄羁兮。效足中黄，殉驱驰兮。愿终惠养，荫本枝兮。竟先朝露，长委离兮。

每两句在"兮"前的字都是韵脚。这一段几乎所有的韵脚都是支韵字，却独独混进去了一个佳韵的"街"字。当时佳韵

字的元音是 /ε/，支韵读音与之相近，所以才出现了混押的情况，因此福州话的 /ie/ 有很大可能和中古时代支韵的读音相差不远。

福州话支韵的古老读音还能在东瀛取得共鸣。和中国的汉语方言不同，日语和汉语本非一种语言，就算是借用了大量的汉语词汇，仍有大量本土词需要书写，这些本土词中，不少采用日文中的假名书写。日本文字是由汉字改进而来，假名也不例外，现代假名是汉字草书或者取其中一部分部件书写。但是汉字刚传入日本时，日语里的这些本土词是直接借用音近的汉字书写的。

1968 年，在日本埼玉县稻荷山一座古坟中曾经出土过一把古代铁剑，上面写道，在铁剑主人生活的年代，当地在一位叫获加多支卤大王的治下。铁剑铭文还提到该剑铸于辛亥年七月。根据纪年推断，铁剑主人大约生活在公元 5 世纪后期，剑铸于公元 471 年。这个辛亥年时值中国南北朝初期，南方此时为宋朝泰始七年，北方为北魏皇兴五年。由于交通和文化传播路线的原因，此时日本所接收的中国文化更多是从中国南方渡海东传来的。根据《宋书·倭国传》所记载，此时倭国的君主是"倭王武"。8 世纪初成书于日本本土的《古事记》和《日本书纪》中则有一位"雄略天皇"，"雄略天皇"是日本所谓的"汉风谥号"，实际是个汉语称号。汉风谥号的流行是雄略天皇去世数百年后日本奈良时代受到汉文化的强烈影响后给之前的历代天皇追封的结果。这位天皇的"和风谥号"根据《日本书纪》记载为"大泊濑幼武天皇"，《古事记》则在他即位前就则称其为"大长谷王"或"大长谷若建命"。依照当时日本

金错铭铁剑细部图，来自埼玉县博物馆网站

王族的命名规则，"大长谷""大泊濑"都是地名，"王""命"则是天皇所用的称号，所以实际上雄略天皇个人的名字是"幼武"或"若建"。此时日本已经形成了一套训读汉字的系统，即把一些日语本土词汇用意义相近或读音合适的汉字书写。这两个汉字组成的名字，表示的其实本是一个日语名字わかたける（wakatakeru）。

这个名字后半部分有勇猛的意思，和《宋书》中同时代的"倭王武"相合。此时倭国已经扩展为西起九州、东至关东的大势力，但是称号仍然使用"大王"，并不像后来用天皇。其称号制度也远不如后世成熟，对汉字的使用也尚处于摸索阶段。可以看出，"获加多支卤"是用汉语直接音译雄略天皇的名字，是把汉字当作拼音来用。由于拼写的仍然是后来称"幼武"或"若建"的 wakatakeru，我们可以推知这个拼写的原则是一个汉字对应日语中的一个音节，其中"支"对的是日语的 ke。

　　这个读音几乎和所有现存的汉语方言都大相径庭。但是如果暂时忽略声母 /k/（有意思的是，福州方言和闽南方言一样，"支"还有另一个读音 /ki/，本书其他章节会解释声母的问题），光看韵母的话，福州"支"的韵母读音 /ie/ 和 e 仍然相当接近。

　　在南方许多地区的方言中，尽管支韵的古读音保存得远远不如福州完整，但是口语中一些零零星星的支韵字不读 i 则是屡见不鲜。譬如"骑"字，广州大片的骑楼闻名于世，但是广州话里"骑楼"称作 ke 楼，"骑（ke）"的读音和"奇（kei）"并不一样。闽南、潮汕以及海南的闽南话中，"骑"则普遍有个 /kʰia/ 的读音；浙江西南部衢州下属的常山、开化等地甚至有读 /guɛ/ 的音。表示站立的"徛"，在江浙地区的吴语普遍也有特殊的读法，甚至在江浙吴语区西北角，与官话区交界的常州话中都读 /gai/。

　　除了"骑"以外，"蚁"也是一个在众多南方方言中读音特殊的支韵字，这可能得归功于蚂蚁在南方实在过于常见。"蚁"在广州话里念 ngai，浙江南部一些地方的方言，如温州话、兰溪话、遂昌话和松阳话中，"蚁"甚至读了 /ŋa/。在浙南其他地区，"蚁"的读音也甚为特殊，例如有读 /ŋai/（玉山）或读 /ŋuɔ/（丽水）的；闽北地区则有 /ŋye/（石陂、建阳）或 /ŋyai/（崇安）的读音；闽南潮汕、雷州地区则普遍有类似 /hia/ 的读音；江西多地则有诸如 /nie/、/nɛ/ 此类的读音。

　　如果读者还是认为上面的证据过于抽象，我们就只好请出一个特别有意思的支韵字——"芈"。这个字本来是个冷僻到家的古字，主要有两个意思：一个是楚国王室的姓，另一个是模仿羊叫的拟声词。由于一些以春秋战国时期的楚国为背景的影视作品的出现，本来没多少当代中国人认识的"芈"字竟然意外翻红。

今天"芈"的普通话读音 mǐ 和羊叫完全不像，不过之前已经说过"芈"是一个支韵字，也就是说在古代，"芈"的读音一度是 /mie/。这样的读音是否会觉得颇为贴近羊的叫声？事实上，在"芈"走音不像羊叫以后，中国人又创造了一个接近羊叫的"咩"字，读音恰恰和古代的"芈"如出一辙。

把支韵字剥离出去之后，i 的数量看起来就会正常不少，但是我们仍然可以继续剥离：根据中古时期的韵书，今天的 i 韵母，刨除入声字、蟹摄字和支韵字后，剩下的那些还可以继续细分为之韵、脂韵和微韵。在中古时期，只有脂韵是真正的 /i/，其他的韵读音都有稍许区别。之、脂、微三韵的区别相比支韵在中国保留得更加有限，但也不是全无痕迹。譬如福建北部政和的方言之韵的"起"读 /kʰy/，"嬉"读 /hy/，"蒔"读 /tsʰy/，"治"读 /ty/；闽南地区属于微韵的"气"读 /kʰui/，"几""机"读 /kui/；潮州话"衣"读 /ui/。除了一向以语言保守存古著称的福建方言外，湖南西部和南部的一些方言也保留了一些这几个韵之间的区别，例如湖南永州道县的土话中，属于之韵的"耳"读 /niɤ/，属于脂韵的"二"读 /nɤ/。

因此，假如一个古代的中国人穿越到今天，读到赵元任先生的《施氏食狮史》，尽管他大概会觉得这篇文章有些奇怪，有些拗口，但是很难产生用普通话朗读的戏剧化效果。

唐朝的"矩州"怎么变成了 现在的"贵州"?

谚云四月初八一夜雨，豌豆小麦变作鬼，清明次日雨亦然，鬼方音读如矩叶韵。

——清《常州府志》

矩州治今贵阳府城，贵州为矩州之转。

——清《贵阳府志》

唐高祖时，唐朝在今天的贵阳设置了矩州，从属黔中道。这是贵阳历史上第一次上升为州，从此贵阳开始了成为云贵高原东部政治经济文化中心的进程。

从历史来源论，矩州才是贵阳本来的名字，然而到了宋朝，矩州土著首领普贵归顺，宋朝敕书却写道:"惟尔贵州，远在要荒。""矩州"莫名其妙变成了"贵州"，从此贵州之名沿用，并在明朝以后成为贵州的省名。

普贵归顺一事最早出自明朝的记录，是不是真在宋朝发生的可说是非常可疑。但是这个故事本身却说明了一个事实：明朝人对唐朝的矩州怎么变成贵州也是疑惑重重，以至于需要找个合理的来源。对矩州变成贵州，一般解释为："梁、益方音鱼、脂同呼，土人语矩曰贵。"

在今天各地方言里中，往往出现一些 ui 和 ü 互相串门的现象。四川"遂宁"，当地叫 xu 宁，湖北人同样把"遂"叫 xu。江浙地区，东西"贵"往往叫 ju，"鬼"也叫 ju，"水"读"如暑"。甚至很多地方把"鹅"称作"白乌龟"，这里的"龟"一样读 ju。而鱊鱼的"鱊"则因为和"寄"谐音，所以在江浙有些地方认干儿子（寄子）时有赠送鱊鱼的习俗。陕西人把"渭河"叫 yu 河，西安地名"韦曲"在当地读 yu 曲。反过来广东许多地方"徐"读 cui，云南话"屡"读 lui，天津地区"女"叫 nui。"尿"有个 sui 的读音，在许多地方却读 xu，和"需"的读音差不多。

今天的普通话里多数读 ü 的字来自中古时代的"鱼"韵和"虞"韵。这两个韵母从上古以来逐渐升高，尤其"鱼"韵从上古时代的 a 一路上声，大约在宋元时期变成了 /iu/，明清以来最终成了 /y/。

然而在"鱼""虞"上升的过程中，却碰上了另一类韵母。中古时期的止摄和蟹摄都有为数不少的合口字，这些字是今天普通话里 ui 韵母的主要来源。譬如"灰雷对最会罪岁鱊"属于蟹摄，"辉围水鬼醉"属于止摄。

这两类字在中国南方的方言中一般多少能够区分。譬如广州话"灰"读 fui，"辉"读 fai；厦门话"最"读 /tsue/，"醉"

读 /tsui/。在中古时期，其中属于止摄的那些字一度读过 /iui/。
普通话为代表的北方地区的众多方言在宋朝时尚能够区分，前
一类字读 /uei/，后一类字读 /ui/；到了元朝以后两类字则合并
了。然而在诸多方言中，/iui/ 并没有直接变成 /ui/，而是和一路
上升的鱼韵正好发生合并，因此就出现了普通话里读 /ui/ 的字在
这些方言里读 /ü/。

这样的现象可能中古时期在一些方言中已经初见端倪。敦
煌藏文拼写的《游江乐》中，出现了两次"水"字，两次均拼
写为 ༈（shu），和"数"的拼写完全相同，此时的敦煌方言里，
"水"的读音可能已经和"数"相同或相近。由于明朝以后移民
重新迁入敦煌地区，导致其方言发生了改变，"水"读 shui，和
普通话区别不大。但是在更加保守的西北，如陕西大荔、合阳、
韩城等地，"水"读 fu。这些地方历史上发生过 shu→fu 的音变，
因此 fu 其实本就来自 shu，和归义军时期的敦煌方音相当接近。

正如之前所说，类似的现象遍布中国各地，从西北地区到
东南沿海，许多方言都发生过类似的变化。由于这样的变化很
符合语音的自然演变，各地方言中的变化也可能是在不同时间
各自独立发生的。因此在不同的方言中，这样的现象波及范围
有大有小。江苏泰州、如皋，江西宜春等地甚至"对"都读成
了 /ty/。苏州"蕊"读"女"的现象早在明朝冯梦龙的《山歌》
中就有所提及，"蕊"韵母是 ü 的读音甚至还分布在长沙、武汉
等两湖地区大城市的方言中。四川人不光"遂宁"读"xu 宁"，
"虽然"也是"xu 然"。哪怕华北地区的济南，也有"围"读 yu
的音，可见这个音变在中国分布之广了。

反之，在另一些方言中，鱼韵和虞韵的一部分字在演变过程中变成了 /ui/，和本来的止摄合口字发生了合并，"矩州"读成"贵州"就属此类现象。云南人"屡"说成 lui，天津人"女"说成 nui，都是"矩州"说成"贵州"的同类现象。把"虽"读成 xu 的四川话，却把"絮"念成 sui，这个现象可能在这两个韵读 /iu/ 的阶段就已经发生。此外，这个 /iu/ 还可以变成其他的发音。今天东北人把"取"读 qiu，就是"取"未能跟着鱼韵的大部队继续变成 /y/ 造成的。而在广东地区，"娶新妇"有读成"cou 新妇"的，"芋头"在粤语中则是"wu 头"。近段时间风靡大江南北的油柑饮料的"油柑"，是一种能够回甘的植物，本名"余甘子"，名字可谓非常贴切，"油甘子"本是华南地区的叫法，属于"余"的特殊变化。以粤语为例，这里的"余"在粤语中变成了 jau，也就俗写成同音字"油"了。

"远上寒山石径 xiá" 的读法
有没有道理？

南（协句，宜乃林反）。

——梁·沈重《毛诗音》

所谓一韵当析而为二者，如麻字韵自奢字以下、马字韵自写字以下、祃字韵自藉字以下，皆当别为一韵，但与之通用可也。盖麻马祃等字皆喉音，奢写藉等字皆齿音，以中原雅声求之，夐然不同矣。

——南宋·毛居正《增修互注礼部韵略》

"远上寒山石径 xiá（斜），白云生处有人家。"语文老师认认真真地读了这首诗，然后课堂上的学生问："老师，这个'斜'为什么读 xiá？"老师回答："这是读了'斜'的古音，是为了押韵。"学生这才恍然大悟。

较真点说，遇上韵文中不押韵的字，临时改动个读音，可算是中国一个自古以来的传统，称作叶音。这一传统至少可以追溯到南北朝时期。譬如《诗经》里面有句："燕燕于飞，上下其音。之子于归，远送于南。"哪怕是南北朝人读起来也不押韵。怎么办？就把"南"临时改读成"乃林反"（以当时读音大概会读成 nim）就是了。在今天中国的一些地区如潮汕地区，这仍然是读诗文时要遵循的规矩，认为不这样就难以体会到韵文韵律之美。

在很多时候，这种"复古"颇具有人工成分。譬如把"南"读成 nim 并不会让它更接近上古时期的读音。事实上硬要说的话，南北朝时期应该是"林"跟上古时期的发音距离更大，如果真需要复古叶音，改"林"会是更加合理的选择。

然而在"斜"这个字上，xiá 在一定程度确实复古成功了。

这个复古的基础恐怕还在于有许多方言可供参考。"斜"字的韵母在苏南、浙北、上海的大部分吴语，江苏沿江到淮南的江淮官话，福建的大多数方言，广东的潮汕客家话以及部分乡镇粤语，江西的大部分方言，湖北东部、湖南的一些方言，以及北方的山西和陕西的部分方言中，都是 /ia/，可以说这个读音占据了半壁江山。

这当然不会是说这些方言的人互相心灵感应，将这个字的韵母集体向一个方向转变，它们都读 ia 的原因很简单，因为古代也是读 ia。中国中古时代的韵书中把"家"和"斜"所属的韵都算作"麻韵"。在当时它们元音相同，只是"家"是二等字，"斜"是三等字。宋朝以前"斜"的韵母就是 /ia/，由于华北地区 /ia/ 里头的 a 受到 i 的影响逐渐升高，这才和"家"分家，变成了 /iɛ/。而在华北地区，由于"家"这样的二等字出现

了 /i/ 介音，韵母变成了 /ia/，填补了"斜"这样变化之后留下的空档。

这个变化可能发生在南宋初年，1162 年成书的《增修互注礼部韵略》中，毛居正认为"麻字韵自奢字以下、马字韵自写字以下、祃字韵自藉字以下"，"一韵当析而为二"，因为"中原雅声"读起来"夐然不同"。毛居正本人是衢州江山人，所谓"中原雅声"，以宋朝语境大致是指中原汴洛一带的读音，此时中原地区的"斜"字已经开始了向现代北方话转换的进程。元朝的《中原音韵》则已经彻底分立了"斜"和"家"，和现代中原华北一带的方言一致。

从 /ia/ 高化并不算稀奇。虽然大体上来说南方地区不少地方保留了未高化的 /ia/，但是也有很多地方发生了各式各样的高化。如"斜"的韵母在溧阳话中成了 /io/，和官话走前高化路线不同，在这里走了一条后高化路线。由于溧阳话"家"也高化成了 /ko/（这项在吴语区相当普遍），因此要是拿溧阳方言读"远上寒山石径斜，白云生处有人家"就完全押韵了。毛居正老家江山话现在"斜"的韵母也变成了 /iə/，浙东南的温州话已经高化到了 /i/，高到不能再高了，而温州市区更是进一步变成了 /ei/，广州话则 /ia/ 融合成了 /ɛ/。这些方言的高化都未必和北方话的影响有关，应是自己发展的结果。

事实上，a 的不断高化几乎是汉语漫长发展史上最稳定的一条规律，从上古到现在，各类来源的 a 不断升高，就如一列列疾驰的火车，各种方言都搭乘过火车，有的中途下车，有的又转上了另一列，但是没有哪种方言完全没搭过高化快车。

湖北人、云南人为什么 把"去"说成"ke"?

唐宋以上，凡歌戈韵之字皆读 a 音，不读 o 音；魏晋以上，凡鱼虞模韵之字亦皆读 a 音，不读 u 音或 ü 音。

——民国·汪荣宝《歌戈鱼虞模古读考》

君东南面而指，口张而不掩，舌举而不下，是以知其莒也。

——汉·韩婴《韩诗外传》

民国时期，著名的外交家汪荣宝曾经写过一篇小文《歌戈鱼虞模古读考》，大致意思是标题上的这几个字和它们代表的韵在古代都曾经读 a。这篇发表于 1923 年的论文影响巨大。这篇论文获得了另一位民国文化名人林语堂的赞同。林语堂阅读后认为"歌戈"曾经读 a 可以肯定，"鱼虞模"则未必。总之，这篇论文出现后，"歌"读 a 基本已是公认。

汪荣宝能够有这一发现，可能和他的留日经历有关。日语中"歌"无论吴音还是汉音都是か（ka）。汪荣宝也发现，日语元音为 a 的假名其汉字来源往往是中古的歌韵字，如さ（sa）的字形来自"左"的草书，わ（wa）的字形则来自"和"的草书。

民国时期包括汪荣宝和林语堂在内的研究者发现，"歌"韵不光在日本元音是 a，在朝鲜汉字音中"歌"是가（ga），在越南汉字音中"歌"是 ca，连中国人常常念叨的"阿弥陀佛"，在梵语中是 अमिताभ（Amitābha），"阿"和"陀"对应的元音都是 a。敦煌发现的汉藏对音材料中，歌韵字"河""何"也写作 ཧ（ha）。

也就是说，所有和唐朝人打过交道的外语都一致认为唐朝人把"歌"的元音说成 a。奇怪的是，近乎全部的汉语方言却没有"歌"读 a 的。20 世纪后期，随着各地方言逐渐被详细调查，发现广西南部的一些方言保留了较多的歌韵读 a，这些方言中，"舵罗箩锣左搓鹅我"等字都有比较大的概率读 a 韵母。

当然，今天的你并不需要学会日语、朝鲜语、越南语，去念佛经或者掌握关系方言，才能体会到歌韵读 a。实际上，只要你说普通话，你口中一般至少三个歌韵字元音是 a，这就是普通话里三个特别常用的字——"他""大""那"，它们都保留了古读。这三个字在北方地区读 a 也非常普遍，不过晋南和陕西的"大"普遍按照正常歌韵的读音演变，比如西安话"大"在"老大"里面就读 /tuɤ/，和"堕"同音。这虽然离古代发音更远，却是很规则的演变。此外北方人说的"俺"本是"我们"的合音，这个字大概是在"我"的元音还是 a 的时候合上的，因此在华北方言中韵母还是 an（早期是 am）。

这样的残留在南方也有出现。今天北方话的"什么"，在南方不少地方还用更老的"何"来表达。如温州话问"什么"是 /a ŋi/，根据早期温州的资料，以前第一个字念 /ga/，其实就是"何"的古音，不但韵母是古音，声母也是，整个词则是"何样"。

这个 a 在宋元以后走上了高化的道路。元朝《中原音韵》时期 a 已经变成了 o，今天长江以南大部分方言的歌韵停留在这个位置，因此四川人、湖北人都把"哥哥"叫 go go。明朝以后，北方地区的 o 则逐渐发得不那么圆，和 e 发生了合并，所以今天北京人说话"鹅"和"额"都是 e，不能区分。但是在大多数长江流域的官话，如成都话中，"鹅"是 ngo，"额"是 nge，分得很明显。

然而汪荣宝的另外半句："魏晋以上，凡鱼虞模韵之字亦皆读 a 音，不读 u 音或 ü 音。"这则和歌韵读 a 有了冲突：假如上古时期这些都读 a，那么上古人又如何区分"鹅"和"鱼"呢？也因此，林语堂对这部分推论持保留态度。

从汪荣宝的文章来看，上古时期虽然中国对外交流留下的记录远不如中古时期丰富，但是仍然有一些堪称不错的证据。譬如中古时期把梵语 बुद्ध（Buddha）翻译成"佛陀"。但是佛教甫一进入中国的东汉时期，这个词是被翻译为"浮屠"的，早期佛寺叫"浮屠祠"。梵语的读音并未改变，汉语翻译的用字却发生了替换，说明"屠"已经不再适合翻译 dha 了。反过来说，头开始翻译的时候，"屠"的读音必然和 dha 相去不远。

汪荣宝生活的年代，对汉藏语系的研究远不如今天深入，因此汪荣宝并没有提出汉藏同源词的材料。假设他能看到藏文中"鱼"是 ɟ（nya），"五"是 ŋ̍（lnga），缅文中"鱼"和"五"都是 ̃ɡ̊（nga:）的话，可能会对自己的结论更加自信。

更为离奇的是，上古时期的一次情报泄露事件中也透露出我们现在的 ü 在当时应该读 a。这个故事出自《韩诗外传》，讲的是齐桓公当年在讨论讨伐莒国的时候，发生了消息外泄。泄密者当时离齐桓公很远，听不到齐桓公在说什么，但是他看到了齐桓公"口张而不掩，舌举而不下"，也就是说嘴巴张得很大，舌头还向上举，因此判断出齐桓公应该在说"莒"字。这个故事虽然出自汉朝的文献，但是应该流传已久，更早的《吕氏春秋》同样记了这个故事，对"莒"发音时的描述则是"呿而不唫"，同样是嘴巴大开。

今天要是发 ü，嘴巴肯定是不会大开的。因此如果描述足够准确，可以判断当年齐桓公发音时，"莒"的元音应该是 a。

那么如果"歌"和"鱼"都是 a，这两者后来又怎么分化呢？

问题的解决可以仰赖客家话。客家人最大的特点就是自称 ngai。因为"我"在口语中出现的频率很高，在听不懂客家话的外人听来，客家人说话成天 ngai 来 ngai 去，于是一些地方把客家话称作"ngai 话"。

客家人的 ngai 其实就是"我"，而客家话"我"的读音却给解决"歌""鱼"的冲突带来了启发。或许上古时代不是"鱼"不读 a，而是"歌"不读 a，却读 ai。

我们今天能从南方各地找到一些歌韵读 ai 的例子。譬如北方话说"我的书"，在东南各地方言普遍说"我个书"，这里

的"个"在潮州话和海南话读 /kai/。福州方言里面"我"则读
/ŋuai/，"舵"读 /tuai/，"破"读 /pʰuai/，这三个字的韵母在闽南
地区则对应 /ua/，一般认为两地都是从 /ai/ 一路变化的结果。

因此，在上古后期"鱼"的韵母曾经是 a，"歌"的韵母曾
经也是 a。但是随着"歌"的韵母逐渐从 ai 向 a 转变，挤压了
"鱼"的生存空间，"鱼"就被迫向高处发展寻找新生活了。不
过属于虞韵的许多字确实不曾读 a，而是读 o，只是后来在高化
进程中，鱼韵因为嘴唇也变圆了，和虞韵撞车合并了。

"鱼""虞"合并的读音在唐朝还属于被笑话的对象。武则
天时，酷吏侯思止因为出身皂隶，语音不正。有一次他跟同事
说："今断屠宰，鸡（云圭）猪（云诛）鱼（云虞）驴（云平
缕），俱（云居）不得吃（云诘）。空吃（诘）米（云弭）面
（云泥去）。如（云儒）何得不饥！"被讥笑之后侯思止向武则
天抱怨，武则天问清原委后也大笑了一场。说明此时要是"鱼"
说成"虞"还是惹人发笑的。

从今天的大部分方言来看，鱼韵高化的最终结果是冲向了
ü，有的方言如昆明话，则由于 ü 变成了 i，所以多数鱼韵字读
了 i。然而在许多方言里面，从 a 到 ü 的高化进程并不是一帆风
顺的，而是中途走走停停，在搭乘高化列车时，一路丢了很多
行李下来。

粤语把"他"称作"佢"，也写作"渠"。这是一个颇为古
老的用例。家喻户晓的"问渠那得清如许，为有源头活水来"
出自南宋朱熹，此处的"渠"并非水渠的意思，而是指代之前
诗句里面的方塘，也就是"它"的意思。这个词第三人称的用

法出现得非常早，早在《三国志》中，吴国赵达在拒绝给之前许诺的书时，就说："女婿昨来，必是渠所窃。"以被女婿偷走为由推脱。

赵达虽然在吴国活动，但他本是北方河南洛阳人。无论如何，把"渠"当作第三人称的用法后来在南方地区非常普遍。"渠"本义是水渠，用来写第三人称其实是同音假借。上古汉语并无固定的第三人称，有时会借用指示代词"其"来代指，如《论语》中有："爱之欲其生，恶之欲其死。"

"其"在中古属于之韵，上古时代元音接近 /ɯ~ə/。三国时期逐渐高化的鱼韵从 a 向上移动，和之韵的读音一度接近，也因此产生了用"渠"表示第三人称的写法。后来，鱼韵继续高化，并产生了 i 介音，和虞韵合并读 /iu/，并在元朝以后正式变成今天的 ü /y/。

在广州话中，"渠"随后的发展道路一帆风顺，非常规律，至今粤语第三人称的"佢"和水渠的"渠"除了声调不同外完全同音。然而南方不少方言的"渠"并不都是这样的简单变化。如江西南昌的第三人称变成了 /tɕie/，温州话的第三人称则在 /ge/ 和 /gi/ 之间摇摆，江苏常熟的第三人称则变为了 /ge/。此外常熟当地也把"鱼"叫 /ŋe/，"去"叫 /kʰe/，表示浮肿的"虚"叫 /he/，第三人称语音的变化显然是鱼韵的一个特色读法。这套读音在吴语中相当常见，哪怕是和官话区交界的常州话，也有"去"读 /kʰai/，"锯"读 /kai~ka/，"虚"读 /hai/ 的读音。

这套在南方方言中常见的读音，可能就是南宋陆游所说的："吴人讹'鱼'字，则一韵皆开口。"此时北方话的"鱼"已经

读了 /iu/，进了合口；江南"鱼"的读音虽然已高化，但还保留在开口读音上，其状态可能和今天的泉州话差不多。泉州话"鱼"读 /gɯ/（读书音，口语说 /hɯ/），"虞"读 /gu/，仍然分得很清楚。

在早期的一些借词里面，我们也可以看到读 /ɯ/ 的鱼韵。越南汉越音"去"读 khứ，"书"读 thư。有趣的是，泰语中"书"说 สือ（sue/sɯː/），这个字就是借的中古汉语"书"的读音。

事实上，哪怕是官话和北方话，鱼韵的古读也并非毫无踪迹可寻。南京话口语中把"去"说成 /kʰi/。但是今天的南京话 i 前面的 /kʰ/ 按理应该发生腭化，譬如"气"就说 /tɕʰi/。幸好明朝的陆容曾经说过："又如去字，山西人为库，山东人为趣，陕西人为气，南京人为可去声，湖广人为处。"可见当时的南京"去"并不读 /kʰi/。今天和明朝南京话关系密切的武汉话和昆明话中"去"读 /kʰɯ/ 和 /kʰɤ/，很可能就是陆容所说的"可去声"；四川话"去"则普遍读 /tɕʰie/；山西地区则很常见"去"说 /kʰəʔ/。

况且，不要忘了，就连北京话和西安话，"去"在口语中也是读 /tɕʰi/ 而非 /tɕʰy/ 呢，安知这不是鱼韵留下的一点痕迹呢？

为什么这么多人
把"疫情"说成"yu情"?

岐山当音为奇，江南皆呼为神祇之祇。

——隋·颜之推《颜氏家训·音辞》

可能读者已经发现，我们讲述的大部分保留了古汉语区分的现象多集中在南方，在北方的又高度集中在山西。这一方面是由于南方和山西不少方言确实语音上比较保守，另一方面则是由于南方与山西的方言多样性更高，东边不亮西边亮，比起广袤的华北大平原更有利于在犄角旮旯保存一下其他地方没有的语言现象。

不过我们最后要提到的这个现象可就恰恰相反。这个从上古就有的区别，在广大的北方地区多有残存，反倒是在南方地区基本都混为一谈。而正是因为这个现象的存在，"疫"在许多地方才会读 yu。

时光回到宋朝，此时冒出了一本书叫《墨客挥犀》，作者是彭乘，在这本篇幅不长的笔记集中提到了五代时杨行密占据扬州时期的往事。假设你生活在此时的扬州，你最好不用去跟蜂蜜打交道，就算一定要打交道，请记住一定要把蜂蜜说成蜂糖。因为在此时的扬州，"蜜"因为和"密"同音，属于避讳字。不过作者对此表示不理解："夫'蜜''密'，二音也，呼吸不同，字体各异……甚哉，南方之好避讳者如此！"

明明音不一样，字不一样，南方人也太喜欢搞避讳了。当然，南方人不会无端端给自己找不痛快，在当时的扬州，"密"和"蜜"大概确实同音了。只是在其他地方，尤其在中原地区，这两字未必同音，所以以北方音的视角来看南方的避讳，就未免有些让人哭笑不得了。

不止一人对南方不分"蜜""密"提过一嘴。北宋大臣王辟之是齐州临淄（今山东淄博）人，他在笔记《渑水燕谈录》里也提到了五代时期："钱镠之据钱塘也，子跛镠钟爱之，谚谓跛为瘸。杭人为讳之乃称茄为落。苏杨行密之据淮阳，淮人避其名，以蜜为蜂糖，由乎淮浙之音讹也。以瘸为茄，以蜜为密，良可笑也。"除了杨行密的避讳外，这里还提到了杭州因为避讳"瘸"，把茄子叫"落"。今天江浙的许多地方还是把"茄子"叫"落苏"，可能和这个避讳有关。山东人王辟之对这两个避讳都大加嘲笑，觉得"瘸""茄"同音，"密""蜜"同音都是可笑的"淮浙之音讹"。

不幸的是，今天大部分北方话"蜜"和"密"没有区别，很难得知所谓"呼吸不同"到底是什么意思，就连王辟之老家山东淄博现在也"可笑"地不分"密""蜜"。天无绝人之路，还是王辟之的山东老乡为他挽回了尊严，在山东北部的德州一带，就出现了"蜜"和"密"不同音的现象。德州话里"蜜"读 mi，"密"读 mei。

绝的是，德州的这个读音居然和元朝《中原音韵》里的读音能够对上。在这本元朝的书里头，"蜜"和"密"被分到了不同的小韵里："蜜"和"觅"分到了一起，"密"则和"墨"分到了一起。

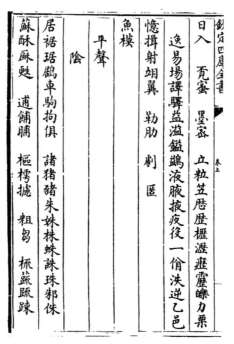

《中原音韵》中"蜜""密"被分到了不同的小韵里

由于北方地区"墨"的 mei 音非常普遍（也包括德州在内），因此我们大概可以推知《中原音韵》里"密"读 /muəi/，而"蜜"读 /mi/。刨除一些音值上的变化，实际上和今天的德州话情况差不多。

事实上北方话里这样的例子还有几个，譬如"笔"和"必"，在中原西北和长江流域的官话以及南方各方言（粤语除外）中也大部分是一个韵母。然而在山东和河北地区，"笔"普遍读 bei，和读 bi 的"必"能够区分。

可惜的是，这些河北、山东的读音很不幸没能进入普通话。由于北京地区历史上受到南方的严重影响，这些字并没有跟随河北、山东本地的读法，不过北京本地也还残存一些例子。譬如普通话能分"被""避"，能分"眉""弥"。虽然普通话"披"读 pī，但是北京不少人是读 pēi 的，"披""譬"韵母不同，这些字在南方的方言里面往往韵母都是 i。

这些北方话能分的字属于中古汉语的"重纽"区别。这是个非常古怪的术语。简单说来，这些字在中古时代属于一个"韵"，声母也完全一样，但是它们的反切互相比较独立，很难连到一起。在制作韵图时，韵图的作者把它们分为两类，分别塞进三等的格子和四等的格子。

可能由于被分成两类的大多数字在今天读音都一模一样，颇有认为所谓"重纽"可能是古人臆想出来的区别。然而隋朝公认的语音标准颜之推曾经特意说过："岐山当音为奇，江南皆呼为神祇之祇。"也就是说，他认为"岐"的读音应该是"奇"而非"祇"，既然特别强调，那么"奇"和"祇"的读音就必然不同了。这么煞有介事，实在不像是多此一举的臆想。

无论是"蜜""密"或"必""笔"，还是"避""被"或"弥""眉"，都属于这样被分进两个格子的情况。北方话的区

韵图中出现的重纽三等，可以看到"被"放在了第三个格子，
"婢"放在了第四个格子

别并不像是无中生有，因为在汉越音当中，后三组也能有区别，只是区别方法显得非常怪异："必"读 tất、"笔"读 bút，"避"读 ti、"被"读 bi，"弥"读 di、"眉"读 mi，"譬"读 thí、"披"读 phi。

　　尽管汉越音的实际发音和华北方言天差地别，但是能看出一个确定的趋势，就是华北方言说 i 的字，汉越音声母为 t、d、th，华北方言说 ei 的字，汉越音声母为 b、m、ph。这些字都是唇音字，中古汉语的声母都是 p、ph、b、m 之类的，汉越音却"别出心裁"读进了 t、th、d。长久以来，连越南人自己也说不清楚他们为什么要这样读汉字，但是越南唇音读进 t、th、d 的字，却都是韵图里面放进四等格子里的字。也就是说，虽然区分的方法怪异了点，但是汉越音和北方话一样，唇音都能保存

一些重纽对立。

不过汉越音能区分的范围比北方话大一些。北方话能区分的基本集中在 i、ei 韵母上，汉越音则要多一些，如"宾 tân""斌 bân"，"名 danh""明 minh"，"鞭 tiên""变 biến"，"妙 diệu""庙 miếu"，"缅 diến""免 miễn"。这些汉越音的对立除了涉及中古的重纽对立外，也涉及一些三等字和四等字的对立。

在汉越音中，四等的唇音字并不会发生变成 t、th、d 的现象。也就是说，汉越音"鞭（放进四等格子的三等字，称 A 类）tiên、变（放进三等格子的三等字，称 B 类）biến、边（真四等字）biên"这三个字中，汉越音的表现后两个字比较接近。在中国南方的一些方言中，则是两类三等字读一个音，四等字读另外一个音，如江西樟树，"鞭""变"都读 /pien/，"边"则读 /piɛn/，四等字张口要大一些。广东大埔的客家话则"连"读 /lien/，"练"读 /lɛn/。这样的模式在江浙地区也能见到，如浙江庆元"鞭""变"读 /biẽ/，"边"读 /biã/。温州话则三等的"嚣"读 /ɕiɛ/，四等字"晓"读 /ɕa/。尤其在保守的闽方言中，四等字经常没有 -i-。如海南话四等字"先前"读 /tai/，"千"读 /sai/，三等字"煎"则读 /tsi/。哪怕在位置已经很靠北的常州的方言中，也有"荠、底（表示什么）、鲚（太湖里的一种鱼）"韵母为 /ia/，"捏"读为 /ȵiaʔ/ 的读法（三等的"镊"读 /ȵieʔ/）。

相较而言，北方话很少能够像南方一样保留三四等的区别。但是在两类重纽方面，北方话可就占据了相当大的优势了。今天，和其他的对立多存留于中国南方不同，重纽的区别似乎对北方情有独钟（广州话"一（jat）"、"乙（jyut）"读音有别，可能算是一个南方案例）。在北方话保留的重纽痕迹中，基本遵循一个规律，那就是填进四等格子里的那一类跟真的四等字表现比较接近。这可能是因为北方的四等字早早地增生出了一个 /j/ 介音，就和重纽 A 类三等字混并了。

如果你觉得上面那一段话仍然像呓语或是听起来如闻天书，不要着急，想想我们每天都要做的一件事情——吃。

假如你是个去过挺多的地方的人，可能会发现南北方的"吃"读音会对不上号。在南方地区，排除主要用"食"的广东、福建，大部分方言里的"吃"声母都是拼音的 k 或者 q，譬如著名的"qia 烂钱"就来自湖南。如果你还记得前面关于尖团音的篇章，那你一定知道 k 和 q 本质上是一回事，今天那些读 q 的地方，这个 q 都是来自 k。这个"k 饭"的区域包括了东南各方言区域和安徽中南部，以及长江中游的两湖地区，稍向重庆、四川方向延伸，但是并不包括云贵川的大部分地方，和之前整个长江流域的官话是一家的局面并不相同。这是因为 k 区出了个"叛徒"南京，南京话的"吃"是属于 ch 系的，与南京关系密切的云贵川方言也就跟着南京走了。

华北地区的方言则主要属于"ch"系，这也是早期南京话和周围不同的"吃"的来源。作为长期以来的东南大都会，又紧邻长江，正如北京受到了不少南方影响，南京也受到了不少北方影响。而出了南京城，郊区就又恢复了 k 系。正常情况下，大多数汉语方言之前并不会发生 k、q 和 ch 的对应关系。而从来源上说，"吃"是溪母字，中古读 /kʰ/，也就是说 k 系才是语音正常发展的产物，北方的 ch 系相当奇特。

　　这时我们应该再次请出侯思止作为北方代言人。他闹出笑话的那段话中，有一句是"空吃（云诘）米（云弭）面（云泥去）"，也就是说他把"吃"说成"诘"，把"米"说成"弭"。"吃"其实是个四等字，"米"也是，但是侯思止把他们都说成了三等的"诘"和"弭"（这两个字都是 A 类）。武则天时代，官场上的体面人口语中应该尚能维持三四等之间的对立，但是出身比较低下、后来鸡犬升天的侯思止的口音更接近北方老百姓的口语，变化要快一些，此时四等字已经增生了 /j/ 介音向 A 类三等字的合并。

　　也正是因为 /j/ 介音强烈的腭化作用，让"吃"在北方早早地从 /kʰ/ 腭化成了 /tɕʰ/。此时北方话里读 /tɕʰ/ 的是章组的昌母，从见组跳槽到章组的"吃"后来就跟着章组大部队一起变成卷舌音了。然而南方地区四等字并没有很快出现有强烈腭化作用的 /j/ 介音，因此"吃"仍然老老实实属于见组。

　　在普通话里，这样的提前腭化基本只限于"吃"一个字。但是如果你还记得我们之前提到的二等字在胶东和山西某些地方提前腭化，可能会猜到这些方言里面重纽 A 类和四等字的 /j/ 介音也会导致他们加入二等字的行列提前腭化。确实如此，在山西万荣方言中，四等字"鸡 /tʂʅ/、（城外）浇叫 /tʂau/、肩见 /tʂæ/、经结 /tʂɛ/"，重纽 A 类字"翘 /tʂʰau/、紧 /tʂei/"都读了翘舌音。这些字在山东荣成则也按照当地规律并入精组，如荣成话四等字"系 /tsi/、浇 /tsiau/、肩见 /tsian/、经 /tsiŋ/、血 /siɛ/"，重纽 A 类字"翘 /tsʰiau/"。

　　我们之前说过，关中话历史上零声母情况下会附上 ng-，所以"安"变成了 ngan。但是如果是 /j/ 开头的字就不会有这个现象，如关中话"以"还是说 /i/。但是关中也有一批读音颇为独特的字，以华县为例，华县就有"淹、腌、阉"说 /niæ̃/，"阴、饮"说 /niẽ/，"椅"说 /ni/，"影"说 /niŋ/ 等。虽然用华县举例，但在关中和晋南乡下这其实是非常普遍的现象，有的地方字数还要比华县多不少。这些字都是重纽 B 类字，重纽 B 类字历史上没有产生 /j/ 介音，因此也就和其他零声母的字一样加上了ng-，后来这个 ng- 又被腭化成了 n-。尤为有意思的是，华县地近河南渑池，"渑"在华县话中读 /niæ̃/，这个字也是重纽 A 类字，m- 腭化成了 n-。侯思止把"面"说成了"泥"，可能也是这么回事。这样的腭化在藏语中也颇为常见，如"年楚河"藏文为 ཉང་ཆུ（myang chu），但是在拉萨和日喀则的藏语中，前字已经腭化为 /ȵaŋ/。

　　那么说了这么多，如果你既不是胶东人又不是晋陕人，这个重纽对立和你还有什么关系呢？

　　普通话里"血"的读音有两个，一个是口语中的 xiě，另一个是书面语里的 xuè。两者意思基本没有差别。对于很多有志于说一口标准普通话的人来说，这两个读音的共存真是岂有此理，近年甚至有把两个音串成一个 xuě 的。

　　当然，正如本书一再展现的，北京话里面如果一个多音字的两个读音没啥意思上的差别，多数情况下其中一个是南方舶来的读音。在"血"这个案例中，xuè 音是南方来的读音。譬如南京话里"血"的读音是 /ɕyeʔ/，xiě 则是北方本土的读音。不光在北京，河北、东北、山东、河南、陕西西北和山西南部大部分方言都是读没有合口的读音的。

这样南北有所差距的字还有不少。譬如"营"在西南地区普遍读 /yn/；"季"在广州话读 gwai，"遗"在广州话读 wai；"尹"在宜兴读 /ɦyŋ/，在重庆读 /yn/；河南荥阳的"荥"是 /ɕiŋ/，四川荥经的"荥"是 /yn/；陕西地方特色姓"惠"在当地读 /ɕi/，外人往往不明就里念错人姓氏；北方和西南许多地方把"县"念开口，但是南方就一般读合口，如厦门就把"县"说 /kuãi/。

如果仔细梳理这些北方读开口、南方读合口的字，不难发现它们基本都是四等字或者中古以母（声母为 /j/，相当于重纽三等 A 类）字。这些字在北方地区出现了合口成分脱落，显然也是和 /j/ 声母带来的影响导致合口成分脱落息息相关。

恰恰"疫"本身就是个以母三等字，因此，"疫"也是属于南北会出现差异的字之一。只是和其他许多字不一样，"疫"南北方互相影响比较小，南北方内部大规模的参差并不多，就连南京话也读 /ʐuʔ/，武汉和长沙的 /y/、成都的 /yo/、温州的 /ɦy/ 都是颇为规律的南方读音，反倒是合口保留特别完整的广州读了 jik。不过粤语地区读合口的地方还是颇多，包括离广州不远的顺德话，"疫"就读 /wet/。

那么，我们的中国方言之旅就此告一段落。不管你是把"疫"读 yi 的北方人还是读 yu 的南方人，希望你都会继续你的方言探索之旅。

图书在版编目（ＣＩＰ）数据

南腔北调：方言里的中国／郑子宁著．－－福州：
海峡书局，2022.4（2023.10 重印）

ISBN 978-7-5567-0959-5

Ⅰ.①南… Ⅱ.①郑… Ⅲ.①汉语方言－通俗读物
Ⅳ.① H17-49

中国版本图书馆 CIP 数据核字 (2022) 第 050292 号

南腔北调：方言里的中国
NANQIANGBEIDIAO: FANGYAN LI DE ZHONGGUO

著　　者	郑子宁		选题策划	后浪出版公司
出 版 人	林　彬		编辑统筹	梅天明　宋希於
出版统筹	吴兴元		特约编辑	张妍汐
责任编辑	廖飞琴　杨思敏		装帧制造	墨白空间
封面设计	昆　词			
营销推广	ONEBOOK			

出版发行	海峡书局		社　　址	福州市白马中路 15 号
邮　　编	350004			海峡出版发行集团 2 楼

印　　刷	天津中印联印务有限公司		开　　本	889 mm × 1194 mm 1/32
印　　张	9.25		字　　数	174 千字
版　　次	2022 年 4 月第 1 版		印　　次	2023 年 10 月第 6 次印刷
书　　号	ISBN 978-7-5567-0959-5		定　　价	48.00 元